山下英子的廚房抽屜。

常用的器具舒服地擺在沒有隔開的抽屜裡。
貓咪形狀的筷架，彷彿隨時都會自由自在地動起來。

參觀
雜務管理諮詢師
山下英子的住處。

被愛用物品包圍的生活

在處理掉不要的東西時，才發現留下來的只有藍色系的餐具。在斷捨離理論中，玻璃櫥等「看得見的收納」為「五成收納」。(P.175)

方便拿取減少不必要的壓力

東西一次就可以拿出來，所以不需要蓋子或是橡皮筋。把東西拿出來的時候儘量減少壓力，可以讓人不找藉口說「麻煩」。(P.181)

讓人起意整理的「七成收納」

在斷捨離理論中，櫃子和衣櫥等「看不見的收納」都不會塞滿百分之百。留下三成的空間可以讓人興起整理的欲望。(P.174)

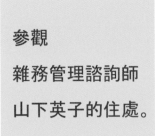

直子女士的廚房 四十多歲的教職員。非常忙碌，很難擠出時間來整理……

斷捨離體驗者的住處　before

Mii媽媽的客廳 換洗衣物散亂。這麼一來，自己和家人都沒辦法放鬆休息……

將堆積在廚房裡，實際上沒有使用的垃圾徹底丟掉。
廚房是掌管生命的重要場所，維持生活的基本物資就像這樣整理妥當了。

After

完美恢復客廳的機能。窗戶射進來的陽光讓客廳變身為舒適的放鬆空間，
之前被埋沒的電視增加了存在感，此後一家和樂的時間更多了。

UPWARD

BODY.MIND.SPIRIT

身、心、靈，

全面向上提昇！讓自己更好！

斷捨離

斷絕不需要的東西／捨棄多餘的廢物／脫離對物品的執著

山下英子
やましたひでこ
羊恩媺──譯

斷捨離®的方法

透過斷捨離講座的所有參加人員而成長茁壯。

過去是如此，往後亦然。

前言——什麼是「斷捨離」？

歡迎各位進入「斷捨離」的世界，我是雜務管理諮詢師山下英子。雜務管理諮詢師？咦？這究竟是什麼樣的工作呢？大家一定一頭霧水吧？畢竟自稱雜務管理諮詢師的人，全世界也只有我一個而已。

雜物的英文是「clutter」，指的就是不要的廢物。

Clut-ter　名詞：（不需要的物品）凌亂。散亂的東西。雜亂。動詞：到處亂丟，（無用的情報）塞滿腦子。

我的工作，就是建議、協助客戶重新審視佈滿住宅中的物品，從自問和物品之間的關係開始，讓客戶丟掉現在的自己覺得「不需要、不舒服、不愉快」的物品。最後，住宅整理乾淨了，客戶也能順便和心中的廢物說再見。沒錯，住宅和內心雜物的顧問，這就是我的工作。

接著是這本書的書名「**斷捨離**」。我想這是各位不太常聽到的辭彙。斷捨離，日文發音是Danshari，請各位試著張開口，發出聲音說說看喔。這個字應該很具衝擊性，鏗鏘有力吧。一言以蔽之，斷捨離就是透過整理物品了解自己，整理心中的混沌，讓人生舒適的行動技術。換句話說，就是利用收拾家裡的雜物來整理內心的廢物，讓人生轉而開心的方法。

總而言之，就是經由整理，從「看得見的世界」走向「看不見的世界」。為此，各位要採取的行動就是

「斷」＝斷絕不需要的東西

「捨」＝捨去多餘的廢物

而不斷重複「斷」和「捨」到最後，得到的狀態就是

「離」＝脫離對物品的執著

斷捨離和單純的打掃、整理不一樣，不須以「好可惜喔」、「還能用嗎」、「不能用了嗎」為思考重點，而要自問「這個物品適合自己嗎」，也就是說，主角不是「物品」，而是「自己」。斷捨離就是利用「物品和自己的關係」為主軸，取捨選擇物品的技術。不是「這個物品經常使用」→「留下來」，而是「我要用」→「必要」的思考模式。主詞永遠都是自己，時間軸則永遠都是「現在」。現在對自己來說不需要的物品就儘管放手，只選擇需要的物品。這個動作會讓各位從「看得見的世界」走進「看不見的世界」，最後就能夠深入了解

自己了。這麼一來，連心靈都會完全輕鬆起來，能夠肯定最初原本的自己。

到今天為止，我持續以「斷捨離」為主題舉辦了將近八年的講座，在這段期間，我不知道看過多少聽講者的人生出現了加速度變化。雖然只是一股腦兒地把物品丟掉，但是斷捨離不可思議的地方，就是會帶來「行動變貌」。有時候，甚至還會讓人生出現急轉彎，換工作、辭職、遷居、搬家、結婚、離婚、再婚……就像是打開了蓋子，將不知不覺之間封閉在其中的力量釋放出來；也像是製造一個讓每個人都能重新回歸原本人生態度的契機。點燃當事人的人生導火線，活出熾熱的生命力，說起來跟扣扳機很類似，這就是斷捨離有趣的地方。

我是在大約二十年前和「斷捨離」相遇的。當我前往高野山的寺廟寄宿時，我看見修行僧侶們對於必需品珍惜使用的態度，並將各個角落都清掃得乾乾淨淨，營造出令人神清氣爽的日常空間，那是一種與飯店不同感覺的清爽舒適。當時，雜誌和電視上正好吹起了「收納術」風潮，非得將堆到滿出來的東西詳細地分類、收納，否則就沒辦法進行整理——這就是我們的生活。仔細想想，我們的生活可說是連續不斷的「加法」，這個也想要、那個也想要，走上街，四處都充斥著物品。然而無論是物質上還是精神上，我們是不是連「讓自己混亂的物品」都扛上肩頭了呢？

近距離觀察高野山的生活，讓我察覺將加法生活轉換為減法生活的重要性，而最後引出的結果，就是我過去在瑜伽道場習得的「斷行」、「捨行」、「離行」，這是為了斬斷欲望，離開執著的修行哲學。能不能將焦點放在物品和人類的關係，進而展開行動呢？這麼思考之後，我得到的就是「斷捨離」。到了現在，原本很不擅長整理東西的我，卻可以開設斷捨離這種減法解決法的講座指導別人，人生真的很不可思議。

我們的生活，是由日常生活中平凡無奇的家事構築而成，因此，要讓生活擁有「清爽的環境＝神聖的空間」，是不是從平常開始，就必須反覆進行維持呢？用不著閉上眼睛，也不用打坐，面對物品就是面對自己，整理房間就是整理自己。並非心靈改變了行動，而是行動為心靈帶來了變化，只要行動，心靈就會跟上腳步。換句話說，斷捨離就是「動禪」。

那麼具體來說，「斷捨離」是什麼樣的過程呢？與其說是過程，其實只要了解思考模式，就會開始「察覺」，接下來的程序就會自己啟動，試過的人都會無可自拔地持續斷捨離。很多人對「整理」這種代表義務的字眼感到很有壓力，不由自主地想要逃避，然而他們卻說「斷捨離就沒問題！」這也是理所當然的，畢竟這是將被埋沒的自己挖掘出來的工作。

希望能讓更多人知道斷捨離，這樣一來他們的人生也能變得輕鬆舒適。還有，我也希望能讓這個充滿物品的社會中，只有最低限度的必要物品出現在必要的場合，說穿了，就是促進生活的循環和代謝！

斷捨離會很奇妙地成為習慣，能夠讓人了解自我，而且最重要的就是，能夠加速良好的變化！現在就讓我們來斷捨離吧！

前言——什麼是「斷捨離」？——007

第一章 只要了解其中奧妙，就能激發鬥志
——斷捨離的架構——020

「斷捨離」是「不整理的整理法」——022
為什麼是「不整理的整理法」
和整理、收納術有什麼不一樣？——028
篩選物品才能「察覺」
取回物品所佔的空間和能量
從櫥櫃開始的自我改革——038
似有若無，似無若有
和物品的關係也會轉變為和人的關係
從實踐到意識改變的進程——042
磨練內在智慧探測能力
物品要使用才有價值——050
斷捨離專欄1——蒙古人和斷捨離生活法

第二章 為什麼我們沒辦法整理？

——無法丟棄的原因——055

物質過度充裕的社會——056

便宜和折扣的陷阱

入口「斷」的水門，出口「捨」的水門

香魚變成鯰魚了嗎？

三種「捨不得丟」的人——066

逃避現實型

執著過去型

擔憂未來型

每個人對「現在」的看法不同

丟不掉＝不想丟掉

如果說沒有整理的房間就像「便秘」

雜物和灰塵代表停滯運、腐敗運——080

雜物又分為三類

認清自己和物品之間的關係——088

時間軸一定要鎖定在「現在」

不為非日常的狀況花費太多心力和空間
這樣做取回對自己的信賴
從扣分法到加分法
由忽視和否定而來的能量
讓房間變亂的心理
重新思考住家環境的意義——102
利用斷捨離，以「住育」為目標
提升居住空間意識——擺脫不知不覺
擁有能夠放鬆的居住空間，才是愛自己的表現
斷捨離專欄2——南丁格爾口中的居住環境和健康

第三章 先從整理腦袋開始

——斷捨離式思考的不二法則——113

精髓就是貫徹自我軸心，時間軸則是「現在」
「自我軸心」的訣竅——注意提問時的主詞
將物品比喻為人際關係，了解「現在」
釐清所謂「掃除」的概念——122

著眼於「不丟掉的損失」——128
「別人的東西看起來就像垃圾」——132
將周遭的人捲進「斷捨離漩渦」
從情報過量到知行合一——138
表相世界和意識世界
今後要「知行合一」：訓練最重要
「可惜」真正的真意——142
從公共建設削減問題也能看出的兩種「可惜」
活著就是不斷地選擇——鍛鍊「選擇力」——146
不要給自己太多
送給還是覺得「丟不掉」、「無法讓步」的您！——148
斷捨離專欄3——小松商家普及專案：復活的商家

第四章 雜物出動——斷捨離實踐手法

斷捨離實踐手法——151
提升整理動力的方法——152
利用單點完美主義提高動力

根據目的不同選擇場所
慢慢開始丟一樣、兩樣，就是斷捨離的開始——158
從「怎麼看都是垃圾」動手
垃圾分類是一道關卡
丟掉的時候請說「對不起」和「謝謝」
讓給別人的時候，不是「給」，而是「請收下」
將大、中、小「三分法則」落實於整理、收納——168
為什麼分三類剛剛好？
利用七、五、一「總量規制法則」打造新空間——174
伴隨總量規制的「置換法則」
一個動作&自立、自由、自在法則——180
一個動作法則
自立、自由、自在法則
「每次主義」就行了——186
斷捨離專欄4——斷捨離比較級

第五章　爽快感與解放感，還有好心情！
——看不見的世界的加速度變化——191

「自動法則」：自動整理的程序——192
關於自動整理的程序
斷捨離和自動

利用物品提升自己——196
透過留下來的物品看見自己
刻意使用高過自我印象的物品
斷捨離並不是提倡節約和清貧生活

更多「看不見的變化」會發生——204
從內在力量到外在力量的加速度變化
「礙事」這個詞：陰性直覺和陽性直覺
彷彿海洋深層水一般來自宇宙的聲援

從「擁有」這個想法獲得解放——212

後記——216

第一章

只要了解其中奧妙，就能激發鬥志

斷捨離的架構

「斷捨離」是「不整理的整理法」

先讓我來說明一下斷捨離的定義。因為只要了解這個機制，就能激起鬥志，所以非常重要。舉例來說，當有人要我們「把房間弄乾淨」時，我們會從什麼地方開始下手呢？要把房間弄乾淨，大家應該會想到「收拾」、「整理、整頓」、「打掃（清掃、擦拭、打亮）」等等。可是，「收拾」和「整理、整頓」有什麼不一樣呢？出乎意料的是，很多人可能不太清楚。

在斷捨離，我們極為重視「收拾」，因此要給它一個明確的定義。

「收拾」篩選必要物品的工作。篩選時的關係軸是「自己和物品的關係」，以及「現在」這個時間軸。也就是說，試問這個物品和自己現在的關係是否還存在，進而選擇。

大家是不是覺得很驚訝？其實我們大多數人都漫不經心地「整理」，但若是關係軸和時間軸不到位，就算進行整理也沒辦法區別必要物品和廢物。有些別人送的東西，明明不喜歡卻又捨不得丟；有些則是覺得「總有一天會用到」而留著，卻又很難用到；還有一些即使知道和垃圾沒兩樣，還是放著不管……這些物品的軸心，已經偏差到「物品和別人」，以及「未知的將來」、「一去不復返的過往」了。其實大體上來說，利用斷捨離處理的大部分情況，都是基於這種概念來整理收拾。總而言之就是丟掉＝「捨」。把物品裝進垃圾袋塞進儲藏室，並不叫做整理，只不過是把物品放到看不見的地方罷了，只能算是移動。斷捨離的重點，就是將物品趕出屋外。如果貫徹「捨」這個動作，就會出現**只有對於現在的自己來說最必要、最適合，仍舊有存在價值的物品，才會被留在這個空間裡。**

而時間就是「現在」，因此這些具有存在價值的物品會經常更新＝新陳代謝。只要認真整理收拾，自然也能樂於更換物品，原因在於您已經清楚知道自己的生活有多少多餘的東西，最後只想留下真正喜歡、必要的東西，這就是「斷」的狀態。所謂斷捨離的定義，就是在實行這個「斷」和「捨」之後，進而放開對物品的執著，處於輕鬆自在的狀態（＝離）。

爲什麼是「不整理的整理法」

進行斷捨離之後，所謂的「整理房間」就變得不再需要了，因為您已經不會胡亂堆積物品，也會經常更換必要的物品。而且，本來「整

斷捨離的機制

選擇「適合現在的我」的物品

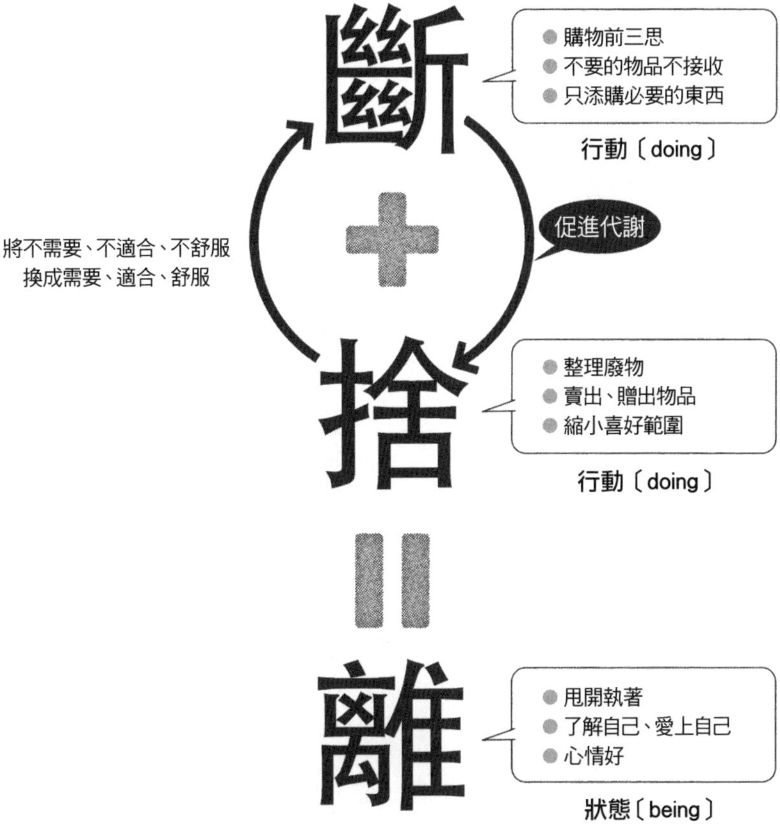
斷
● 購物前三思
● 不要的物品不接收
● 只添購必要的東西
行動〔doing〕
促進代謝
將不需要、不適合、不舒服
換成需要、適合、舒服
捨
● 整理廢物
● 賣出、贈出物品
● 縮小喜好範圍
行動〔doing〕
離
● 甩開執著
● 了解自己、愛上自己
● 心情好
狀態〔being〕

理」這個字就伴隨著某種義務感，可以的話根本就「不想去做」。斷捨離可以讓您擺脫這個問題，執行起來也不會讓人感覺討厭、麻煩。只擁有真正的必需品，這樣的狀態令人神清氣爽、心情舒適愉快，日後僅需要維持這種狀態即可，而您也會不自覺地想這麼做。因此，體驗過的人都不會再說「整理」了，大家說的都是「斷捨離」。**原本是討厭的事情、義務，然而經過斷捨離之後，這個觀念有了一百八十度的大轉變。**

所以這或許也可說成「不需要整理的整理法」。非整理不可的物品，就某種意義來說算是我們的敵人，畢竟它的存在讓我們煩惱。只要除去這些物品，讓住家環境只存在適合我們的物品，這樣一來房間裡的東西全會成為自己的力量，最後，自然可以長保清爽的心情。

選擇「適合現在的我」的物品之後，連「整理」都不用了！

和整理、收納術有什麼不一樣？

在這裡，我先說明一下現有的整理、收納術和斷捨離有什麼不同。首先，最大的差別在於：**斷捨離的目的並非「把房間弄乾淨」**。應該說，把整理房間當作目的也罷，但實行斷捨離最大的益處，就是得到「了解真正的自己，喜歡上真正的自己」這種感覺，自我肯定感會泉湧而出。所以說，就算動機不是「想把房間弄乾淨」也沒有影響，或者就算是這樣的動機，還是可以得到超乎房間整齊之外的好處。

另外，**主角不是物品，而是自己**，畢竟使用與否取決於自己。「覺得可惜↓收下來」是以物品為主角的想法。整理、收納術主要是著眼於「如何保管物品」，斷捨離則是永遠以不斷代謝為前提，是一種讓居住空間可以經常疏通的狀態。這並不是要您購買或製作用於保存、分類的分隔收納產品，事實上，斷捨離之後物品減少的速度，甚至可以讓您在一開始就把收納用具丟掉。只要了解斷捨離的機制，根本不需要什麼特別的技術，只要自問「這個物品和自己的關係還存在嗎」，並藉此縮減物品數量就好了。

「斷捨離」這個字的力量也是重點。這原本就是從瑜伽的行法哲學──「斷行」、「捨行」、「離行」而來的字。比起整理、收納這種日常雜務，這個字更讓人有一種自我鍛鍊的印象。而且，「斷捨離」本身好像就有種不可思議的吸引力，字的外型看起來也是擁有很強的力道。我能舉辦講座和出書，多半是因為這個名稱產生的力量引人入勝，讓大家能夠告訴我和斷捨離相關的各種經驗。我甚至覺得這三個字的字形還有發音，其實也充分傳達了實行的內容和意識。

斷捨離和整理、收納術的不同

	斷捨離	整理收納
目　　的	代謝、替換（主動）	保管、維持（被動）
主　　角	自己	物品
焦　　點	與自己的關聯性	物品 or 自己 or 送東西來的對象
中心思想	感性 適宜 需要、恰當、舒適	物質 浪費 能用 or 不能用
時　　間	現在	過去 未來
思考模式	選擇、決斷	迴避
手　　續	少	多
技　　術	不需要	需要
收納容器	不需要	需要

篩選物品才能「察覺」

我剛才已經提過，實行斷捨離之後，周遭物品和環境都會成為自己的力量，自然能維持清爽的好心情。同時，**即便只是單純地縮減物品範圍，參加講座的同學也出現了各種變化**。以自己為主軸，時間設定為現在，來進行物品的取捨作業，透過在「看得見的世界」的行動，「看不見的世界」也開始改變。本來，「看得見的世界」和「看不見的世界」就應該是連結在一起的，而接下來的改變速度真的非常快。

這個改變的機制是這樣的：判斷「這個物品適合、適用於現在的我」，然而不了解自己的話便做不到這點。透過物品持續做這樣的訓練，**當下的自己會越來越鮮明**，就可以深入診斷自我形象。

舉例來說，不知道您有沒有這種經驗：朋友送的高級名牌茶杯原封不動地裝在盒子裡，放在餐具櫥的深處。假設朋友送的是麥森的茶杯❶好了，但自己實際使用的卻是買甜甜圈送的茶杯。要是有人問：「為什麼不用呢？」回答通常會是：「太可惜了，這麼好的東西我捨不得用。」也就是說，這樣的人潛意識中覺得「自己不適合麥森的茶杯，自己並沒有那樣的水準」。使用中的物品往往可以告訴我們那個人的自我形象。不過只要清楚了這個概念，就自然會想把現在使用的物品淘汰掉，「原來我是可以用這種東西的」進而重新認定自己。只要開始使用這副茶具，就會讓自己和物品的波長吻合了。

於是，看事情的角度也會跟著出現變化，腦中啟動了一個機制，准許自己使用高級物品。這個作用可以讓以前用扣分法看自己的觀點，轉變為加分法。了解自己、放下過去的自己，在未來也更能發揮自己的特質。在不經意的狀況下，以上的變化自動發生，而這些改變已經深入內心，所以很多人回過神來，才發現自己早已認為「斷捨離萬歲」了。事實上，您會注意到在這個「看不見的世界」之後，還有一個「更加看不見的世界」，說是神之領域也好，說是未知的美好也罷，但是總而言之就是命運或是天命等更深層的心靈次元了。出乎意料的偶然、巧合也會發生，一旦整理好「看得見的世界」，沒有礙眼的東西，就能開啟直通更深次元的通道。

總之，察覺之後，就會漸漸了解自己、愛上自己，我會用「好心情」來形容這種狀態。德國哲學家詩人歌德曾經說過這樣一句話：

「人類最大的罪，就是不快樂。」

不是殺人、恐嚇、暴力，最大的罪孽竟然是不快樂。當然，殺人、恐嚇、暴力也是犯罪，但是這都是不快樂所導致的結果。既然這樣，就必須先擁有好心情，而且必須讓自己有好心情，而不是別人。丈夫

❶德國麥森（MEISSEN）瓷器，歐洲第一名瓷。

心情不好、主管心情不好……要是他們心情恢復的話，我的心情也會變好……大家很容易把焦點放在對方身上，所以自己才會陷進對方的同心圓裡。其實不是這樣的，得先讓自己心情好起來，再把心情不好的人拉進自己的「好心情同心圓」。要是有這樣的想法，那真的很棒！所以說斷捨離是從什麼地方開始的？其實就是從住處、職場這些近距離的環境開始，直到自己的心靈也跟著改變。換句話說，要把原本的不快樂換成好心情，首先，就讓自己處於快樂的空間吧！

取回物品所佔的空間和能量

整理的時候，首先要面對的就是物品的數量和混亂程度。理解了斷捨離的意義之後，幾乎所有的人都會覺得，一直以來居住的房間裡竟然全是垃圾和廢物。**自己究竟把多少時間、空間，以及維持、管理的能量都給物品了呢？**當然，金錢也算是能量之一。斷捨離就是要您收回這些能量。首先，就要先診斷出物品從您身上奪走多少能量，接著透過縮減物品的行為，即能自我改善，這就是斷捨離的精髓。這是可以靠自己辦到的，就像改善體質一樣，而不是光只有改善症狀的治標療法。利用住處這個距離自己最近的環境，從根本改變自己。這麼一想，幹勁也會增加的！

案例一　適合超商便當湯匙的自己？

和惠拚命整理廚房，將超出必要量的不鏽鋼刀叉處理掉了。然而，不知道為什麼，她卻無法丟掉附在超商便當上的塑膠湯匙，據說塞滿廚房抽屜的湯匙數量多到連抽屜都打不開。一問之下，才知道原因是「野餐的時候方便使用」。但是，什麼時候要去野餐呢？用不鏽鋼的不行嗎？不只是刀叉，斷定自己絕對不會穿，並且已經退流行的便宜洋裝也是，即使已經裝進垃圾袋裡了，還是覺得自己會重新拿出來穿。品質好的物品可以毫不猶豫地丟掉，但是對劣質物品卻感到捨不得，面對自己這種不可理喻的心態之後，和惠發覺自己在潛意識之中似乎對高價、高品質感到恐懼，認為自己用便宜貨剛剛好、很適合，有自我貶低的傾向。這正是利用斷捨離了解自我形象的案例。

先診斷出物品從您身上奪走多少能量，接著透過縮減物品的行為，即能自我改善，這就是斷捨離的精髓。

從櫥櫃開始的自我改革

大家都覺得我應該本來就擅長整理東西，但老實說，我原本屬於不會整理東西的那種人，在悟出斷捨離的機制之前，我一直處於想整理也整理不來的狀態。好不容易覺得自己整理好了，沒過多久又立刻恢復原狀。大概在十五年前左右，我嘗試過好幾次當時流行的收納術。我把從賣場買的塑膠收納盒塞得滿滿的，再拚命擠進櫃子裡，可是只要拿出來一次，就會變得亂七八糟。要從抽屜裡拿出擺在最中間的盒子困難至極，所以我連動也沒動過。我也嘗試過自己製作分類細膩的收納用具，但或許是自己手不夠巧，最後演變成「誰做得了這麼麻煩的事！」總之我整個人已經惱羞成怒了。

於是我心想，**這些東西值得我花這麼多精力、時間、金錢和勞力收納嗎？**察覺這一點以後，我開始肯把東西丟了。不過丟了之後就整理好了嗎？其實這個時候還沒有「斷」的想法，所以只是重複丟了再買、買了再丟。雖然和執著於收納術的時期相比已經好很多了，但是我還是很不擅長整理東西，我花了十年不斷重複這些舉動。

似有若無，似無若有

我是在瑜伽道場學到「斷」的概念。譬如斷食，一旦試著停止飲食，就會發覺「啊，原來食物是這麼值得感激」。實行「斷」，會讓人察覺平日過的生活有多麼值得感恩，執著心會因而消失，感恩的心同時油然而生。但是，一開始學的時候，我只覺得：「像我這麼執著的人才辦不到哩！」

當我這麼對學瑜伽的前輩抱怨的時候，前輩說：「對呀，妳的衣櫃裡也塞得滿滿的嘛。」這時我恍然大悟，心想：「**消除精神上的執著或許還很困難，不過如果只是從衣櫃裡的東西開始，或許我做得到！**」這就是將整理轉換成斷捨離的概念，融入日常生活之中的開始。

在季節交接的時候，我們是不是常會覺得「沒有衣服穿啦！」但是，衣櫃裡的衣服明明擠得滿滿的呀，這就是「不會再穿的衣服了，可是因為某種感情而收著不丟」，一種「似有若無，似無若有」的奇妙狀況，這是因為覺得「丟掉這些衣服就等於放棄執著的『行為』」。把這個舉動當作契機，就會察覺在季節更換的時候說著「沒有衣服穿」的自己，以及有多少放著沒穿的衣服了。這不是「愛」，而是「執著」。於是我便下定決心：「就從衣櫃裡開始吧！」

和物品的關係也會轉變爲和人的關係

像這樣把焦點放在物品和自己的關係上之後，就可以看見從物品投射出的自我形象。更甚者，還可以看出他人對自己的評價。如果自己隨便，別人也會對你隨便。「那個人用那種東西、穿那種衣服，送禮物只要送這種東西就好了啦」。反過來說，如果可以靠使用斷捨離的方法提升自我形象，對方也會認為「他過著那麼好的生活，所以不能送這種粗糙的東西」。因此，**這種篩選物品的作業，最後甚至具有改變自己和他人關係的力量**。說得更明白一點，自己如何對待自己，決定了一切。這樣的改變，一開始會表現在物品上，所以只要釐清與物品之間的關係，接下來全部都會跟著改變。家裡的衣櫃抽屜不僅改變了我的思考模式，甚至連與人的關係都出現變化，這讓我銘記在心。

從實踐到意識改變的進程

在大致了解斷捨離的流程之後，我先整理一下我們的思考模式是如何轉變的。

首先，在初期階段的「捨」作業，徹底實行篩選物品。一開始的時候一定會有些迷惘，畢竟要開始用和以往不同的判斷方式來看物品。好不容易狠下心來將衣服放進垃圾袋裡，決定丟掉之後，「等一下喔，搞不好之後還會穿到」。像這樣的情緒又會猛然湧上來，這就是正視迷惘的開始。由於迷惘的緣故，接下來的程序便窒礙難行，物品還是多而繁雜。即便如此，只要繼續努力重複斷捨離，和「好可惜」這個情緒格鬥，判斷物品要、不要的速度就會一點一點加快，「好可惜」也不再是藉口了。

接著來到懂得整潔與果斷的進程，這個時候，就漸漸能用「那個人應該用得到，送給他吧」、「就算留下來，也沒有人會用」這樣的態度作出明確的選擇，這是中級階段。接下來就會出現加速度，連下決定這個作業本身都會讓人覺得愉快。重複進行之後，物品終於呈現適量狀態了。適量的程度因生活方式和職業不同，要一概而論是很困難的。總而言之，就是「自己能夠掌控」的量，自己能夠對所有物品有概念的量。能不能完全掌握現存物品的位置，能不能物盡其用。在斷捨離之中，可說從這個時候開始，你的房子就可以**從「倉庫」改稱為「住家」**。因為沒有用的物品，全都被趕出去了。收納廢物也沒有意義，**真正需要進行收納術，得從這個階段開始。**

效果因人而異，有人會較早到達這個階段，也有不少人在「捨」的程序花費了大量的時間和勞力。某位收納術老師提倡，在收納的時候詢問物品：「你想待在哪裡？一直嗎？還是有時候？」然後再決定放置的位置和高度，我覺得很好玩。不過如果是在「捨」的前半段這麼做，也是沒有意義的，畢竟跟廢物說話也沒有用嘛。

物品好不容易減少到可以控制的量，也表示自己可以支配這些東西。在此之前，都是為物品煩心，也就是說自己是物品的奴隸。能夠掌控物品，就是自己存在才有物品存在的狀態。只不過，斷捨離的目標又高了一些，要試著與物品建立良好的關係。換句話說，就是要開始嚴格篩選，這是進階者的領域。不僅每樣物品都確實使用、完全掌控，並且與喜愛的物品「相親相愛」生活在一起。這麼一來就達到「斷」的境界，購買的時候也自然會三思了。

將物品物盡其用，功效發揮到極致，就是斷捨離的最終階段。物品遵循一定的汰換程序，只保留對自己來說最適度的量，接下來若是只剩下嚴選的物品，丟棄的物品也會降至最低。之前因為堆了又堆、一積再積，強迫自己放手時會非常痛苦。但是，來到這個階段之後，只留下最低限度的份量，剩下的物品不僅機能性高又美觀。居家空間

斷捨離帶來的意識、環境、氣場變化

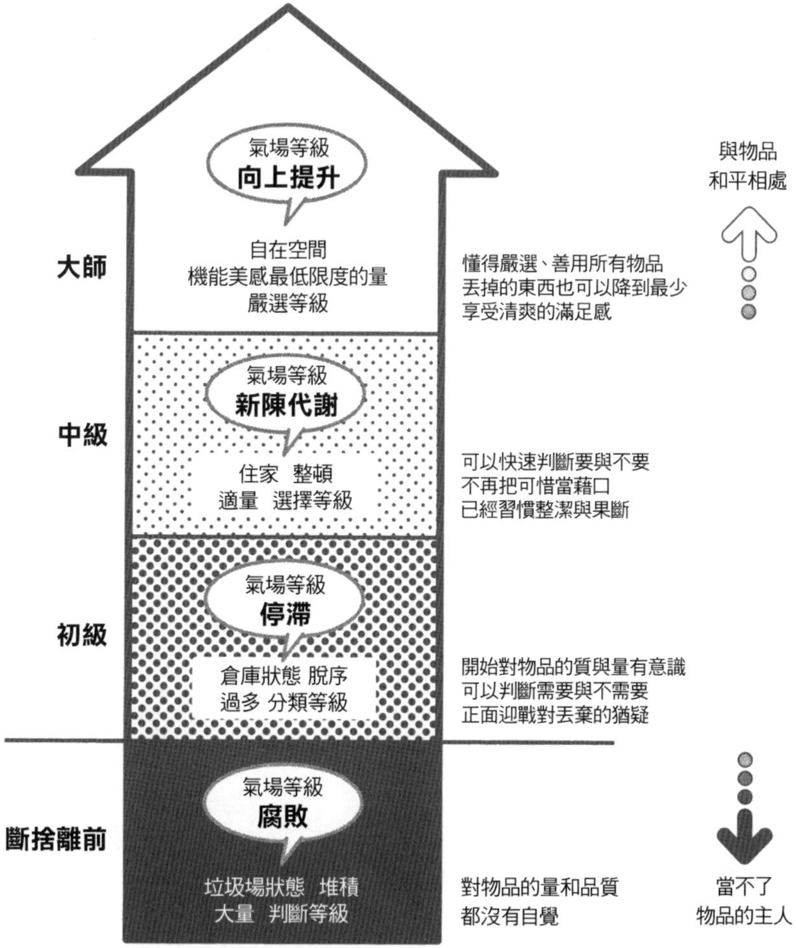

氣場等級
向上提升
大師
自在空間
機能美感最低限度的量
嚴選等級
懂得嚴選、善用所有物品
丟掉的東西也可以降到最少
享受清爽的滿足感
與物品
和平相處
氣場等級
新陳代謝
中級
住家 整頓
適量 選擇等級
可以快速判斷要與不要
不再把可惜當藉口
已經習慣整潔與果斷
氣場等級
停滯
初級
倉庫狀態 脫序
過多 分類等級
開始對物品的質與量有意識
可以判斷需要與不需要
正面迎戰對丟棄的猶疑
氣場等級
腐敗
斷捨離前
垃圾場狀態 堆積
大量 判斷等級
對物品的量和品質
都沒有自覺
當不了
物品的主人

只放著最重要的物品，這就是「不整理的整理法」的最終型態，會成為連收納產品都不需要的空間、收納術毫無用處的世界，於是便**不稱之「住家」，而稱為「自在空間」**。對自己來說最適合的舒服空間，希望大家都可以一起到達這個境界！

磨練內在智慧探測能力

「斷」和「捨」都是doing，就是行動，action。不斷重複doing之後，就會來到感覺的世界，being，也就是狀態。行動在思考的同時進行，不過我認為從思考轉移到感覺的狀態，是斷捨離過程中的轉捩點。可以做到這一步的話，後面就輕鬆了。

舉例來說，倘若身心都很健康，想吃的時候盡量吃沒問題。因為身體的探測機能正常，了解身體需求的量。就某種意義來說，斷捨離的目標就是這種狀態。然而要是不健康，或是身體出了什麼差錯的話，這種機能就無法正常運作。比方說壓力導致吃太多、喝太多、只吃同一種東西。本來食物本身並沒有好壞，但媒體經常會用「要讓血流順暢就靠這個」、「造成阻礙的是這個」這種形式來看待食物，但是真正的問題其實在於吃法和用量。不是對身體好就可以光吃同一種東西，也不是因為對身體不好就乾脆完全不碰那種食物。**我們經常不由自主地會從物品的外在判斷好壞**，就算是食物，原本也都是生命。一塊餅乾也是靠小麥、奶油等等，來自動植物的生生不息而存在。如果用「這種食物不好」的角度來看待任何東西，我認為都不合理。大多時候，其實是自己的攝取方式出了問題。

「自己的探測能力出錯了」，這句話可以同時對物品和自己說，因為物品本身並沒有什麼不好，單純是因為自己的錯誤判斷，導致物品堆積、行動困難。斷捨離，也是磨練這種探測能力的技術，瑜伽稱這種探測能力為「內在智慧」。過量收取多餘的物品會讓內在智慧駑鈍，於是必須加以「發掘」。將家中「不需要、不恰當、不舒適」的東西更換為「需要、恰當、舒適」，進而精練。畢竟**丟掉家裡的一個垃圾，就能磨練內在智慧**，所以無論是食物還是居住環境，都能靠自己的判斷來維持正確而舒適愉快的狀態，不需要仰賴外界情報。

每樣物品都確實使用、完全掌控，
並且與喜愛的物品「相親相愛」生活在一起。

物品要使用才有價值

我們已經知道如何靠斷捨離得到愉快、舒適、好心情的生活了。那麼，就讓我稍微換個角度，看看物品大致的流向。

平常我總是把這句話掛在嘴上：物品不用就沒有意義。於是，我試著整理了一下和物品的關係。

物品要用得到才好
物品在每個當下都要適得其所
物品在最恰當的地方才顯美麗

我希望這種狀態能夠降臨在所有人身上。

舉例來說，假設我們生活在河流中段的地區，在這裡，有許多過去使用過、但是現在已經不再使用的物品。接下來要想的不是「這些東西未來還有可能用到，留下來吧」，而是「如果能順利送到下游處，給真正需要這些物品的人，該有多好」。

所以，我很希望回收商店的功能可以比現在更完善。物品的流向如果是國外當然也很好，世界上有很多國家像日本一樣物資充足，但也有很多國家不是物資短缺，就是因為價格過高而買不起。必要份量的物品出現在必要的場合，如果斷捨離能夠帶領社會邁向這一步，就太美好了。

物品會因為不同的場合而變得有用或無用。舉一個最平凡的例子，譬如米飯，若是放在飯碗裡，就很美味！可是要是掉進水槽的話，髒死了。礦泉水也一樣，裝在寶特瓶裡看起來就很好喝！不過，要是裝在夜壺裡呢？絕對不會有人想喝吧。所以小自我們的房間，大至整個社會，這樣的情況都同樣在發生。因此一定要意識到這一點，進行篩選，讓物品自然回歸該去的地方、需要的地方。這就是斷捨離的整體架構。

斷捨離的目標，
就是整個社會上的物品都能適得其所。

斷捨離專欄 1——蒙古人和斷捨離生活法

「我認為全世界最徹底實踐斷捨離生活方式的，就是蒙古人。」這是在蒙古教授經營學，同時也是經營顧問公司的田崎正巳先生（STR PARTNERS 公司執行長，蒙古國立大學經濟學教授）的考察結論。我非常感興趣，於是便擷取了田崎先生的部落格文章轉載如下（重點整理）。

過去，作家司馬遼太郎先生曾經對電視節目「市街漫遊・蒙古紀行」作了評論：「大部分蒙古人的物欲都削減了，清心寡欲地活著。」大概因為本為游牧民族的蒙古人都住在移動式蒙古包裡，只能帶著必要物品的緣故吧。在避免囤積物品的同時，物欲也跟著淡薄，但是他們的心靈卻非常富有。也就是說，蒙古人是職業斷捨離高手。然而，近來出現了另一種情況是：對物質的欲望提高、沒用的物品照買不誤、想要自己買不起的物品等等和斷捨離恰恰相反的現象，開始在都市化的烏蘭巴托蔓延。看了市內餐廳和辦公室混亂的程度，實在很難讓人想像他們是愛乾淨的國民。日本人從一千年以前開始，就一直以定居生活為主，而蒙古人是在蒙古革命之後，才開始定居生活，大約才經歷八十年。不過話說回來，轉向都市化的齒輪已經無法回頭了。這麼一來，或許在未來的某一天，蒙古會再度需要斷捨離。

在我看來，說不定日本開始要走向完全相反的情況。隨心所欲增添物品的日本，現在已經面臨了折返點。

出處＆參考

- 部落格《徒然散文集》http://blogs.yahoo.co.jp/uncle_summy
- 部落格《田崎正巳的蒙古徒然日記》http://plaza.rakuten.co.jp/mongolmasami/

第二章

為什麼我們沒辦法整理

無法丟棄的原因

物質過度充裕的社會

那麼，為什麼我們的生活會充斥著這麼多物品呢？就讓我們仔細觀察一下。

首先，如果家裡東西堆得到處都是，亂七八糟不得不整理，可是怎麼樣都整理不好，於是開始責備自己……其實不需如此，嚴格說來，我認為這**並不全是您一個人的責任**。畢竟生活在生產這麼多物品的社會裡，環境以及追求物質生活的意識，其實對您造成很大的影響。而且，如果家裡住了四個人，四個人各有自己的物品，卻只靠一個人整理，物品的量與您就是四比一的關係，因此根本不可能妥善處理。換言之，造成這個狀況的原因有三：社會、家人、自己，所以您的責任只有三分之一而已。

便宜和折扣的陷阱

而在這個消費社會中，廠商也做了相當高明的研究，並且使用巧妙的技巧，吸引人購買，例如「便宜的感覺」。說來不好意思，這是我母親的案例。之前我在獨居的母親家中冰箱裡，看到了特大號的營業用美乃滋，嚇了一大跳。怎麼看我母親都不需要特大號的營業用美乃滋，而且也已經過了保存期限，變成黃色的了。當我問她：「為什麼要買這麼大罐？」母親只回答了一句話：「因為便宜。」我大概也猜得到。平時這個尺寸的美乃滋賣五〇〇圓，現在變成三五〇圓，母親平常購買的普通尺寸售價是三〇〇圓，而且沒有優惠，按照定價販售。這種時候，我們就會覺得三〇〇圓和三五〇圓實在沒得比，於是選擇了「便宜一五〇圓」的大美乃滋，如果買三〇〇圓的普通尺寸美乃滋，就覺得一圓也賺不到。但是，最後大尺寸的用不完，卻也讓我們面臨損失五〇圓的狀況。像這種情形真是不勝枚舉。

另外，我們也無法抗拒折扣。舉例來說，本來想要一件一萬圓左右的漂亮上衣，於是上街購物，卻發現上衣隔壁放著十萬圓左右的套裝。套裝打了五折，馬上便宜了五萬圓，雖然售價仍高達五萬圓，但比起支付的金額，我們的注意力還是會放在折扣上吧。就只有這個時候，我們會因為折扣而蒙蔽視線，看不見「是不是真的適合自己的品味」，所以沒穿幾次就成為衣櫃的肥料了。這種情況經常發生，當然，要買不買，下最終判斷的還是自己，因此自己也有一半的責任。

入口「斷」的水門，出口「捨」的水門

請各位想像一下，假設生產出來的物品從上游流下來，我們則是在中游岸邊水池裡生活的魚。從入口收取物品，不再需要的物品則順

流而去。這個水池有稱為「斷」的入水口，也有出水口「捨」。如果只需要滿足生物生存最基本的需求，那麼只要涓涓細流的水量就已足夠；然而身為人類還是需要文化滋養的生活方式，稍微增加一些水量的話，大概也只需要隅田川那種規模的河川。只是，現在**日本社會的物品流動狀態，簡直可用氾濫的亞馬遜河來形容**，而我們卻以為只有隅田川程度的物品在流動。水池的一個入水口原來應該緊閉著，可是物品帶來的壓力實在太大，再加上單價便宜和折扣的魔力，導致水門經常敞開。再看看通往下游的地方，我們也並不會特地去開啟讓物品流出的出水口，因為「好可惜」或是「分類很辛苦」這些鐪緊緊地附在上面。

換句話說，因為種種社會因素，物品會不斷、不斷、不斷地流入，同時也因為種種社會因素與個人因素，物品也很難釋出。再說，很多時候用不著我們自己購買，物品就會自動送上門來，例如下列幾個常見的例子：

中元節、過年

贈品、禮品

附贈品（「僅此一次特別贈送……」之類的句子頻頻出現的郵購，或是一般寶特瓶飲料或雜誌所附贈，不見得有什麼品味的小東西）

超厚郵購商品目錄（只要買過一次，就會陸續寄來好幾年）

廣告信件或是廣告傳單

包裝盒、捆包材料、紙箱、保冰袋

超商的筷子、湯匙、濕紙巾

回頭想想，大家就會發現這些東西幾乎每天都會流入我們的生活之中。

香魚變成鯰魚了嗎？

我們就像這樣，生活在「持續不斷流入，卻不流出去的水池」裡，這麼一來，池子會變成怎麼樣呢？一定會積滿淤泥。而什麼樣的魚會住在這樣混濁的水域中？我想到的是鯰魚，我們就住在鯰魚會喜歡的，那種混濁又不見天日的環境之中。鯰魚沒辦法迅速敏捷地游泳吧？在這樣的環境裡，連動一動都得費上千辛萬苦。

我們原本應該能像住在清流中的香魚一般來去自如，可是卻因為周遭積滿淤泥，也只好跟著陷入動彈不得的狀態。所以說，家裡如果堆滿東西，是不是也導致我們無法自在活動？

可是為什麼我們會沒有察覺這一點呢？這是有原因的。畢竟只要放著不管，淤泥也會沉澱。無論有多少淤泥，最上層的水一定是清澈的。只要到上方探出臉來，就不會感覺自己身陷泥淖了。於是，就陷入了另一種狀態：由於身體被淤泥掩埋而動不了，最後也懶得動，老是覺得疲倦沒衝勁。在此同時，淤泥也在我們毫無自覺之下漸漸增加。

淤泥就這樣不斷不斷地累積，最後我們甚至會在幾乎無法喘息的狀態下結束了自己的人生，現實中也的確有這樣的例子。因為職業的關係，我曾經接手過整理遺物的工作，還經常碰到一些令往生者家屬驚訝的情況。可能原本以為自己的奶奶會留下什麼好東西，不料一打開櫃子，又是包裝紙又是箱子的，還有抽獎抽到未拆封卻佈滿灰塵的床單，都是這些負面的遺產，原先預想的好東西一樣也沒有。

為什麼我們會靜止不動？理由只有一個，**一旦到處翻攪，連上方清澈的部分也會跟著混濁**，只要靜止不動，就不會混濁。好不容易掙得這小小的喘息空間之後，一旦下定決心實行斷捨離，就得把收在衣櫥和櫥櫃裡的物品翻出來，會讓情況更糟糕。這時候要是家人回到家看到這個狀況，一定會生氣地說：「你在搞什麼？到底是在弄亂還是

物品的流動

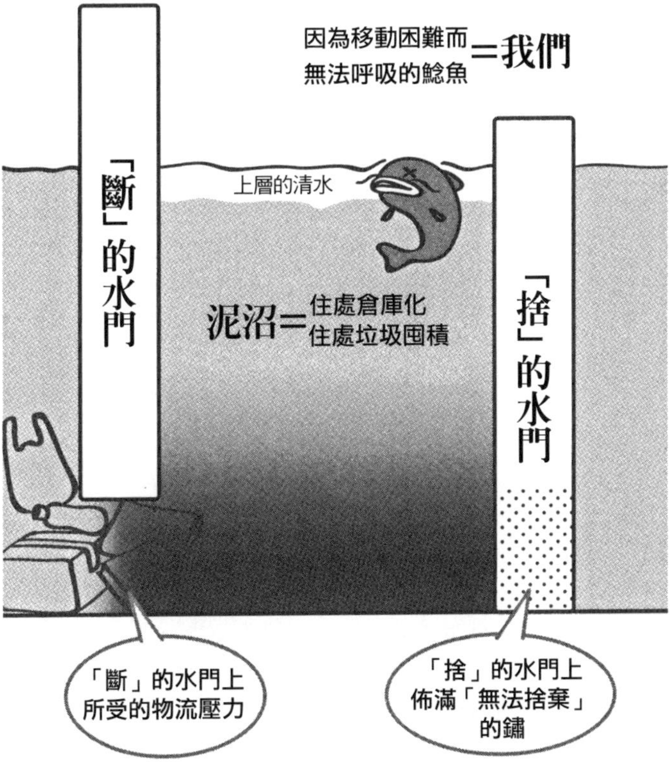

- 自動送上門
- 便宜的感覺
- 沒有就感到不安 etc.……

- 好可惜
- 分類很辛苦
- 這很貴耶 etc.……

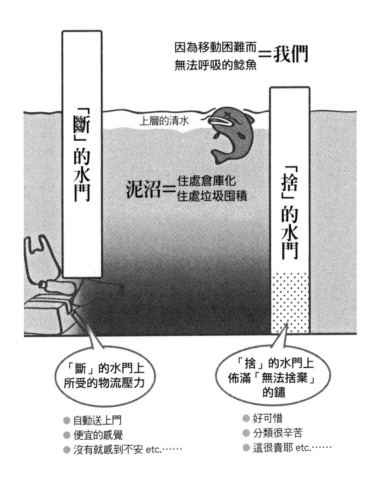

在整理！」然後自己也覺得好像在做白工。就這樣反反覆覆了好幾次，最後如同淤泥堆積的雜物廢物還是無法一掃而空，這不就是我們目前面臨的狀況嗎？

我們會因為折扣而蒙蔽視線，
看不見「是不是真的適合自己的品味」。

三種「捨不得丟」的人

八年來我開設了斷捨離講座，遇見了許多無法丟東西的人，在這之中，我了解到會堆積廢物的人分別有三種類型。當然，不可能所有的人全都符合這三種類型，會有重疊的狀況，不過或許可以幫助大家客觀地看出自己比較傾向哪一種。

逃避現實型

因為忙碌而沒時間在家裡，沒辦法好好整理。然而很多人是由於對家庭不滿等等因素，不想待在家裡才把自己弄得很忙。另外，由於家裡凌亂的緣故，又更不想待在家裡導致惡性循環。

執著過去型　留著已經不用的過去遺留物。賭上性命保管相簿或是獎盃之類的物品，多半隱含對過去美好時光的沉醉。就不願意面對現實這層意義來說，有時候也和上述逃避現實的行為常一起出現。

擔憂未來型　寧可投資未來可能發生的不安。特徵是過度囤積面紙等日用品，這樣的人會把焦點放在物品上，以及缺乏時的不安情緒，三種類型當中人數最多。

反正我又不在家！也不想待在家裡！——逃避現實型

若是被問到「整理家裡的前提是否有什麼必要條件」時，大家會怎麼回答呢？確保時間足夠、作好心理準備……條件可以有很多，但是最必要的條件則是——「要待在家裡」。

逃避現實型就是指最必要條件的缺乏——居家時間很少。有些社交生活豐富的家庭主婦有忙不完的志工活動、聚餐、社團……有些男性則經常在工作結束之後去小酌，晚上回家都是深夜時分，週末也常常外出。他們自己沒有察覺，不過其實有很多人**並非因為忙碌才不在家，而是因為不想待在家裡才變得忙碌**。也就是說，這一連串的行為背後有一個讓人不想待在家裡的理由，而且人們也不願意正視這個問題。

案例二 讓當事人看清現實也了解自己的臥房和兩個櫥櫃

結婚三十年，孩子們也在十年前獨立，智子女士開始和丈夫共度兩人生活。打工、社團、休假中午和友人共享午餐的她，日子過得非常忙碌。由於在家裡的時間很少，整理也隨隨便便，物品堆積得令人窒息。這難以轉圜的狀態，推動了一連串的惡性循環，令智子女士一天比一天更不想回家。原因之一，就是和丈夫的關係。智子女士因為某些因素不得不與丈夫結婚，讓她從結婚當天開始就覺得住在一起非常痛苦。目前和丈夫分房的智子女士，因為斷捨離講座而察覺這一點之後，決定從自己專屬空間——臥房開始實行斷捨離。面對逃避已久的過去，智子女士看見了兩個重見天日的櫥櫃。原來這兩個裝著嫁妝和服的櫃子代表了一段往事，其實她在十年前就下定決心要離婚，可是最後卻是這櫃子讓她改變主意。當時孩子已經離巢，自己的工作也告一段落，覺得可以離開了。正當她打算離婚的時候，看到了這個櫥櫃，便想到父母親可能會有的失望與悲傷，以及離婚之後經濟上該如何自立等等，一連串的阻礙讓她卻步，最後還是留了下來。她將自己的靈魂自由和櫥櫃放在天秤兩邊稱度，最後卻選擇了櫥櫃。回頭想想，她就是從那個時候開始增加外出的時間的。十年後，在實行斷捨離的機緣下，智子女士終於面對了自己真正的想法，下定決心切斷對櫥櫃和父母親的思念，走上離婚一途。雖然經濟上很吃緊，不過想到要是還得再壓抑幾十年，她還是慶幸自己離婚了。智子女士說，現在就算在家裡，她也覺得很放鬆。透過整理臥房這個個人空間，她找到了「自己真正追求的東西」。

數量龐大的物品和回憶——執著過去型

協助執著過去型的人整理，是非常累人的，很難順利進行。由於帶著回憶的殘留物品數量龐大，當事人會看著物品而沉浸在當年的往事，分享大量的故事不可自拔，沒完沒了。當然，珍惜過去的回憶和種種物品並沒有錯，我也留著兒子孩提時代的相簿和帶有回憶的物品，然而，執著過去型的人所保管物品的數量卻非同小可，同時也給人一種活在過去，而非活在當下的印象。

案例三　過去的家族幸福時光～緣廊堆滿不再使用的露營裝備～

美奈子小姐家裡的東西數量不是蓋的，令人不禁懷疑她是否把從結婚前至今的所有東西都留了下來。以前收到的情書、看過的書、年輕時代的照片……三十年前結婚時，美奈子小姐正當花樣年華，丈夫以「妳不跟我結婚我就去死」，軟硬兼施地逼著她結了婚。然而三十年後，丈夫竟然對她說：「希望妳能跟我離婚。」不用說，美奈子的尊嚴破碎，完全無法接受。以露營裝備為首，象徵著夫婦恩愛的家族幸福時光的所有物品，美奈子全都想丟卻丟不掉。然而，她利用斷捨離正視了自己的狀況，一點一點地進行整理，花了三年的時間，她才終於接受了離婚。到了現在，她可以意氣風發地說：「什麼嘛，早知道就早點單身了！我還要交新男朋友喔！」不過，甩開執著就是需要這麼長的時間，本案例就是在說明這一點。

沒有就會害怕——擔憂未來型

這類型的人會妄想在某一天可能物到用時方恨少，擔心著不一定會降臨的未來。為了消除不安，這類型的人會買很多東西，例如大量購買衛生紙的人，可能是無法忘記過去能源危機的衝擊。但是，和能源危機相同的狀況再度造訪的可能性有多少呢？這樣的未來又會發生在什麼時候？擔憂未來型會自顧自地在腦海中製造一種假象：那樣的未來總有一天會降臨，自己會陷入買不到的窘境。反過來說，這樣的人是利用確保物資的方式，確保自己的未來。另外還有一種傾向，不只廁所衛生紙，每當面紙和保鮮膜等等的日用品特賣就會購買，都是「平常要用的東西，突然沒了會很傷腦筋」、「既然這麼便宜，不趁現在買下來，說不定就再也沒有這種機會了」這種類似強迫症的思考模式所導致。就這樣，櫥櫃經常成了各種囤貨的長眠之處。

案例四　保留了神奇之藥的母親

十五年前，我的母親出現了恐慌症的症狀，而當時拿到的處方藥立刻見效，所以即便到了十五年後的今天，母親還是將當時的藥當作第二生命一般珍藏在藥櫃裡。這個行為可以看出，母親除了擔心自己的身體可能又出現同樣的症狀，同時也在催眠自己「保留藥物＝總有一天會發病」。當然，該藥品的保存期限早就過了。我很能了解母親對於神奇藥效難以忘懷的心情，不過現在醫療日新月異，就算再罹患同樣的病，搞不好已經有了更好的藥。這看似可以消除不安的做法，事實上卻將造成不安的對象＝疾病的物理證據「藥物」放在手邊，讓自己的生活陷入惡性循環……

每個人對「現在」的看法不同

和捨不得丟東西的人相處時，我發覺「現在」這個時間的感覺會因人而異。

就舉我那位保留藥物十五年的母親當例子好了。我的母親或許很難擁有斷捨離這種觀念，因為就連十年前的事她都記得清清楚楚，就像才剛發生沒多久似的。就算我指著已經擺了一陣子沒用的物品，問她：「媽媽，這個東西現在還在用嗎？妳還要嗎？還是不要了？」她也會說：「我還在用。」我半開玩笑地說：「就算妳留著也沒辦法帶到極樂世界去喔！」然而我的母親甚至會回答我：「不會，我在極樂世界還要用。」後來，在多次詢問溝通之後，我才知道原來對母親而言，二十年前還是屬於「現在」。既然這樣，我也爭不過她，只好接受我們之間的認知不同。

相對地，小孩子似乎更懂得「活在當下」。他們的生理正在成長，由於自己經常改變，對於環境的變遷感受也更加敏銳。雖然對於「現在」的認知，當事人的年齡確實有相當的影響，但還是因人而異，也會因環境而有所不同。說到底，**究竟多長的時間才算是「現在」？這問題的答案因人而異，然而一定會有最適合自己的「現在」**。要是能在實行斷捨離之間，尋找到適合自己的「現在」就太好了。

丟不掉＝不想丟掉

參加講座的人經常會說：「我是沒辦法丟掉東西的人。」這其實是自我設限的說法，這句話隱含著一種將自己定型，然後自我放棄的情緒。再仔細探究，我便認為他們不是「丟不掉」，而是「不想丟掉」，用斷捨離的「斷」來形容或許就能理解。有很多人會說：「我沒辦法拒絕，所以不管什麼東西都會收下。要是有人拜託我事情，我也無法開口說不要。」可是從反面看來，也有可能是「要是換成我，我也不想被拒絕，不想受傷」。其實這也反射了自己的內在，「丟不掉」這句話的背後，隱含了轉移到物品上的情感，當事者自己驅動了「不想被丟掉」＝「不想丟掉」的機制。所以說到底，這根本就**不是哪一類人的問題，而是當事人自己本身的問題。**探討如何丟東西時的用字遣詞，就可以看見人們內心深層的一面。

不知道各位有沒有不再需要、不再適合，但是卻保留起來的東西呢？舉例來說，泡沫經濟時代（約二十多年前）買的西裝，現在穿了也開心不起來。**儘管「不需要、不適合、不舒服」，卻還是留在家裡，就是執著**，那是一種覺得可惜的心態。明明不穿，但就是不想丟掉，可是不願意丟掉也很痛苦，於是便選擇忘記它，最後的結果就是一直擱在那裡。儘管經過了「忘記」的過程，物品從原本的「保管」狀態變成「放著不管」，東西還留在家裡，只是物品的本質早已形同垃圾。

如果說沒有整理的房間就像「便秘」

姑且不論有沒有執著或是其他心理因素。稍微打開衣櫃，那些怎麼看都像是垃圾，卻不知道為什麼一直留在家裡的物品就夠令人覺得不可思議了。物品囤積的理由有以下幾點：整理起來太費工夫、覺得很麻煩、東西太大太重好難整理等等。如果是小東西，例如一支鋼珠筆，拿起來想丟掉時，看到這部分是塑膠，那部分是金屬……就莫名地覺得很難丟了。結果，「得好好分類才行」的良心使然，明明知道已經不能寫了，還是照樣放回筆筒裡。與其手續繁雜的垃圾分類，還不如放著不管輕鬆，而且一支筆也不佔空間。大型垃圾丟棄的時間、地點也有限制，必須遵守和一般垃圾不同的規矩。這種麻煩事、煩人的物品，任誰都避之唯恐不及。這麼一來，廢物和垃圾被留了下來，家裡的空間也越來越小。

如果說我們的房間就像腸子，屋內的物品因為某些理由導致無法丟棄而堆積，另外還會其他物品不斷地進入房子裡不出去，好像吃個不停卻無法排洩，於是變成便秘。這樣會舒服嗎？應該很難受吧。但是，這種狀態一旦持續，當事人就會慢慢麻痺，甚至一星期不排洩也覺得無所謂。對於不舒服的狀態不以為意，表示身體的探測器已經短路故障。換言之，**逐漸習慣房間裡的物品慢慢堆積，就很類似便秘的症狀，以及後續的感覺麻痺。**

而且，便秘會不斷地釋放壞菌和毒素，腸子再度吸收之後重新回到全身，引起惡性循環。待在房間裡，不就像是二十四小時呼吸廢物和垃圾這種壞菌釋放出來的廢氣嗎？也就是說，倘若處處堆滿廢物，家裡就會產生影響心靈的廢氣，讓您陷入中毒狀態。因此，對房屋來說，便秘也絕對是不好的。

便秘也有程度之分，依嚴重狀況，服用瀉藥的強度和藥量也會不同。斷捨離講座和這本書就好像對付雜亂房間的瀉藥，有人只聽一次，或是大略看過之後，就立刻付諸行動；也有人會慢慢地看好幾次、聽好幾次。過去，如果遇到在體力或年齡上無法獨自整理的人，我就會去幫忙處理，所以我的工作可以說是「浣腸師」！其實，只需**稍微借助外力，整個斷捨離過程其實可以靠自己完成的**。便秘也一樣，吃瀉藥不過是治標不治本。要是不改變平常的生活習慣，就無法痊癒。

探討如何丟東西時的用字遣詞，
就可以看見人們內心深層的一面。

雜物和灰塵代表停滯運、腐敗運

這裡我要用生鮮食品來比喻廢物和垃圾。沒有丟掉，但是怎麼看都是垃圾的物品，就跟「壞掉的火腿」一樣，已經不能吃（＝無法使用）了。

不是垃圾，但卻是「不需要、不適合、不舒服」的物品，也就是雖然能吃，不過卻過了保存期限而不再好吃的東西，就像是「乾掉的火腿」。換句話說，就像棄置在櫥櫃裡的雜物。乾掉的火腿因為聞一聞味道覺得「還能吃」，所以就又放回冰箱裡。可是，那是不管過了多久，您都不會想吃的東西，但丟了又覺得良心不安。於是，索性把東西封在不透光的密封容器，看不出裡面放了什麼，最後，這樣的狀態會把人被逼到「不敢打開」的地步。

用這種生鮮食品來舉例就很容易理解了。您和物品之間的關聯性，是像「壞掉的火腿」，還是「乾掉的火腿」？懂得愛自己的話，應該會毫不猶豫地給自己新鮮火腿才對，斷捨離就是要讓大家想通這一點。某位參加講座的學生說了一段很有趣的話：「火腿壞掉就知道要丟，要是衣服也會壞掉就好了。」的確，壞掉就會有臭味，外觀也會出現變化，所以可以丟掉。但是，衣服要腐爛，卻需要相當久的時間，畢竟我們現在還能在博物館看見幾百年前的衣服。然而，還是要試著去意識到不穿的衣服在**本質上已經形同腐敗**的物品了。

以前遇過一位極度捨不得丟東西的人，我和他一起努力篩選出不要的東西之後，非常擔心他會一直把東西放著不理，在無計可施之下，我就把那些廢物帶回家丟掉了。結果，我的車子充滿了霉味，附著在衣服上的黴菌和塵蟎非常嚴重，我覺得這已經跟食物腐敗差不多了。

有一些命理學家主張「一間房子的運氣其實可以從物理的角度看出來」，那就是透過灰塵的量。因為工作的關係，我看過許許多多髒亂的房子，所以對這句話我有相當深刻的感受。灰塵一眼就看得到，所以可以當作指標。在斷捨離之中，像「乾掉的火腿」一樣可以用但卻不想用的物品，釋放出來的運氣稱為「**停滯運**」；狀態如同「壞掉的火腿」，這種物品與累積的灰塵所散發出來的運氣則稱為「**腐敗運**」。不過各位，接下來才是重點。換個角度想，**除掉廢物、垃圾、灰塵，就能除掉「停滯運」和「腐敗運」**，這就是斷捨離的概念。將「不需要、不舒服、不適合」的物品汰換為「需要、舒服、適合」的物品，就可以改善運氣了。而我實際感受到的，就是房間之中的物品大概有八成是廢物和垃圾，也就是佔滿了「乾掉的火腿」和「壞掉的火腿」，其中形同「壞掉的火腿」的垃圾又佔了一半。

雜物又分爲三類

針對「乾掉的火腿」——也就是棄置的雜物，我再稍微細分。

不用的物品 茫茫然地保管、放著不管的物品，或者根本忘記有這個物品存在，還有一直沒能丟掉而覺得良心不安的物品。

在用的物品 基本上會用，但並不是特別喜歡，用法也很隨便。在一團混亂之中，不被愛惜的物品。

執念的物品 有強烈的執念和回憶，怎麼樣也捨不得丟的東西，東西本身擁有強大的能量。

「不用的物品」充滿了束縛的能量。明明知道非丟掉不可，還是無法付諸實行，時間一久，甚至還忘了這個物品的存在。物品本來就是製造出來供人使用，站在它們立場一想，它們搞不好會覺得「好孤單喔」、「用用我嘛」、「不用的話，就把我送到可以派上用場的地方嘛」，甚至還會說「我好恨啊~」。同時，和自己約好「總有一天要丟掉」，卻不斷地爽約，對自己的信任也跟著喪失了。

「在用的物品」就是「**混亂泥淖**」。明明不怎麼喜歡卻還在使用，硬是將配不上自己的東西塞給自己。雖然在用，但總是隨意亂放。這些物品在帶來混亂的同時也喚醒羞恥心。對於亂七八糟的狀態或是配不上自己的物品，很少有人會不感到羞恥吧？有很多人是因為習慣了，所以不會特別意識到這一點，但是在潛意識之中他們還是覺得可恥。

「執念的物品」本身就散發著強烈的能量，例如畫、骨董、動物擺飾、人偶等等，有時需要特殊方法才能處理掉，例如焚燒。這種物品散發出的能量，與「不用的物品」或是「在用的物品」那種束縛和混亂的程度不同，可能寄宿著負面能量。如果忽視或遺忘，這種否定該物品的行為，或許只會讓束縛的能量更加強烈。

如果到目前為止，您都能理解，我想您就能清楚知道「雜物堆棧，隨意棄置」的狀態背後，同時堆疊了忽視和否定、混亂等好幾層的負面能量，就像我說過如同身陷泥淖，勉強呼吸的垂死掙扎。棄置執念的物品，想必又更可怕了，大家是不是現在就想立刻整理房間呢?!

案例五　「過期」的紙鶴

弘樹先生以前因為生病而動了手術，工作上的夥伴送了一千隻紙鶴給他。後來他在手術過後順利痊癒，然而儘管已經沒了病痛，現在弘樹先生小套房的床邊依然掛著佈滿灰塵的千隻紙鶴，據說他每天晚上都會看著這些紙鶴睡覺。因為充滿了大家的心意，所以捨不得丟掉。話雖如此，不斷地看著千紙鶴，會讓「自己得了重病」這個印象烙印在腦海裡，並逐漸發酵，我認為這非常危險。病好了之後，應對摺紙鶴給自己的大家，以及目前健康的現狀心懷感恩，但同時也要立即將紙鶴處理掉。狹窄的房間裡掛著不斷散發出強烈衝擊能量的一千隻紙鶴，看在第三者眼裡本來就是一個相當異樣的環境，可是住在裡面的人已經麻木了。習慣非常可怕，無論一開始懷有多好的意念，物品經過時間的沖刷，內容有時候也會因而出現變化。就好像好吃的東西過了有效期限，也不再美味……

除掉廢物、垃圾、灰塵，
就能除掉「停滯運」和「腐敗運」。

認清自己和物品之間的關係

在經過分類、分析之後，您可以清楚知道棄置物就是「罪惡感的集結」，或是「不安的集結」。我說過在斷捨離之中，時間軸一定得維持在「現在」，而罪惡感和不安則可說是將時間軸偏向過去和未來。

在這裡，我先分享一下關於罪惡感的觀察。就像「不用的物品」散發出「我好恨啊～」這種能量束縛著當事人一般，反過來說，我們也會因為「沒有好好物盡其用而良心不安」。即便想著「非用不可、非用不可……」，然而時間卻在我們無法實行的情況下一點一點過去，接著轉而責備做不到的自己。另一方面，面對物品時又會用「說不定總有一天會用到」來當藉口，照樣留下來。因此在整個過程會用掉相當多的能量，原因就在於不停地重複責備自己和找藉口。**這就像自己狂毆了自己一頓之後，自己又在傷口上貼OK繃**一樣，能量漸漸流失。有人可能會想，既然這樣就只能湮滅證據！丟掉就好了，只要湮滅證據，就沒事了，對吧？不過說真的，這樣的狀態就跟以前的我一樣。在無法實行「斷」的時期，我有一大堆買了卻沒用的東西，然後用「總有一天……」這個藉口將物品留下來，不停地累積罪惡感。

時間軸一定要鎖定在「現在」

就算下定決心打算「全都丟掉吧」，然而有些東西實在還是捨不得丟，例如，多年以前買的大墊肩套裝，花了十萬圓，好貴喔，不只貴還很少穿。花了十萬圓這個事實不斷壓迫自己，逼自己回到過去，但是話說回來，現在也不可能穿了。還有，孩提時代買的風琴、鋼琴，早就沒有人彈，但還是放在家裡佔空間，這樣的人應該很多。以前騎過，已經生鏽的老舊腳踏車也很常見。明明已經成了垃圾非處理不可，卻還是覺得又重又麻煩，嫌丟掉很費事。然而這種情形背後的意義，是**延緩使用自己的能量，保留給未來**，將「現在」放在第二順位了。另一方面，這些物品留了下來，所以意念和能量更會遭到強化，造成生活上的混亂。說真的，就我自己的印象來說，家裡的物品，有八成都是時間軸偏向過去和未來的。

剩下的兩成，就是時間軸落在「現在」的物品。這些東西就算到處亂放，就斷捨離來說也不是什麼大問題，因為關聯性還存在。或許使用方式很隨便，也稱不上最適合自己，但在下一個階段將這些物品切換到「需要、適合、愉快」的模式即可。這個階段的首要之務，就是確保物品在「使用中」的正常狀態。因此，在斷捨離之中，**比起凌亂，堆積在過去和未來的物品才是大問題。**

而這些使用中的物品也可以分成幾類。每天、一個月一次，頻率再降低一些還有每季、每半年、每年一次，或是婚喪喜慶時等等，概略分一下，即可以分為「日常」和「非日常」。換句話說，就算使用的頻率少，並不一定代表關係不存在，一定要睜大眼睛看清楚，好好判斷仔細收拾。

不過，經常發生的情況卻是這樣：比如說明明是夏天，玄關卻放著滑雪用具，諸如此類的狀況。這或許是因為佔了八成的過去和未來的物品，壓迫了現有的居住空間，導致不合季節的暖爐或電風扇，遲遲無法收納，希望各位也能夠注意到這種情況。

不爲非日常的狀況花費太多心力和空間

另外，在選擇物品時還需要注意一個重點：選購物品是否將焦點放在非日常的狀況？例如，為了一年都不見得會來一次的孫子和親戚、偶爾來住幾天的朋友特地準備飯碗和寢具。有些人家裡的餐具櫃裡塞滿大量為客人準備的餐具，自己平常使用的只佔一小部分，我想一定是因為一直重複上述舉例的行為所致。

在斷捨離之中，基本上沒有「客用」這種想法，而是把自己愛用的物品給客人使用就好了。因為自己平常使用的物品已經是嚴選過的，所以就算讓別人用也相當合宜。**別說一年一次了，為了幾年一次的事情花錢，說到底也只是「虛榮」而已吧。**如果對方只住兩個晚上，卻還另外費心準備，就是一種「把重點擺在三百六十五天之中短短兩天」的偏差想法。大部分的客人應該都不是為了「想用客用的高品質餐具、寢具」而來住宿的，因此還是不要愛慕虛榮，自自然然地招待對方最好。

這樣做取回對自己的信賴

「說不定總有一天會用」、「明明不能不丟，但是卻無法實行」這種罪惡感之所以會產生，就是對自己的不信任。以與朋友的約定來

現在區域、過去與未來區域
～存在的關係，結束的關係～

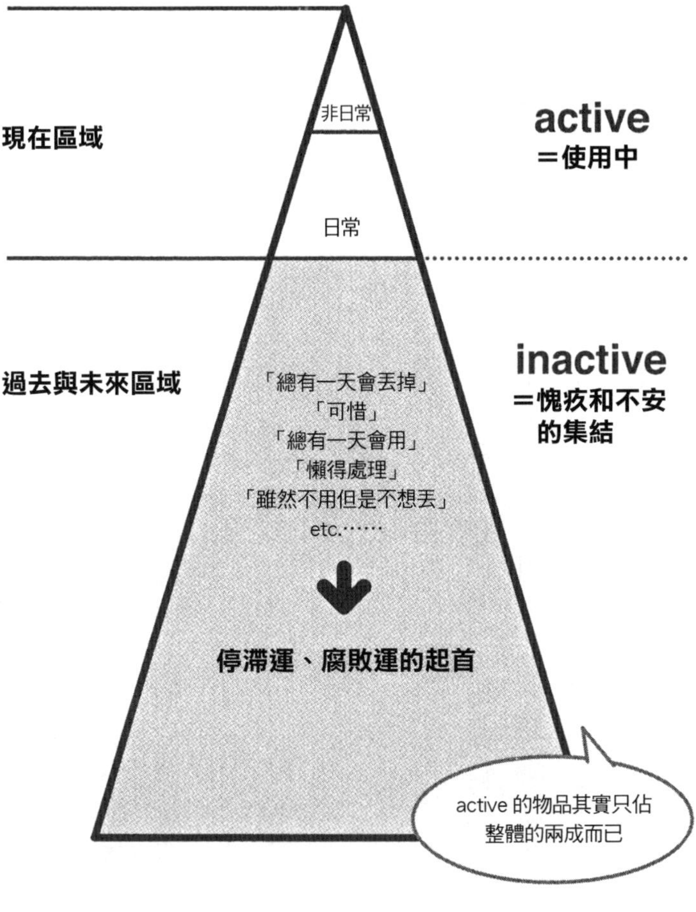

打比方，就很容易懂了。

朋友和我約好一起吃午餐。然而，我卻說：「不好意思，我突然有事，今天的午餐能不能改到下星期？」朋友爽快地說：「沒關係，下星期也無妨。」到了下星期的這一天，我又說：「不好意思，我今天有一點不方便……可不可以再改到下星期？」這時候朋友即便不太高興，還是會說：「……好啊。不過妳還真忙呢，英子。」然後原諒了我。再下一個星期，如果我還是說：「對不起！我今天也不方便……」您覺得會怎麼樣呢？就算一次可以原諒，兩次、三次下來，別人一定會覺得「就算跟這個人約也信不得，與其一直延後，還不如不要約比較好」。我的信用額度會跌落谷底。相同的，自己和自己的約定是否也發生這樣的狀況？無論是覺得「還要用」、「要想辦法處理掉」、「要丟掉」，最後卻放著不管，而延後了和自己的約定。每天這樣持續，就會讓您對自己的信賴消失。

所以，就遵守約定吧。對朋友說：「不好意思。跟你延後了三次，這次絕對沒問題了。」赴了約去吃午餐之後，告訴朋友：「給你添麻煩，今天就由我請客吧。」這樣信賴度是不是會恢復一點呢？如此一來，能量也會上升，疲勞變成了生命力和精力。整理掉一件物品也是一樣，等於自己對自己遵守了約定，進而**增加自己的信用存款，才會更信任自己。**

從扣分法到加分法

到這個階段最重大的改變，就是從扣分法轉為加分法。從「今天也沒做到」、「沒能遵守約定」，因為不信任自己而一直處於扣分狀態，要改變為「今天辦到了」、「遵守約定了」這種替自己加分的正向視角。光是這樣，對自己的肯定就會增加。「今天把這個東西放上網路拍賣掉吧」，或是「今天請可能會用這個東西的朋友把它帶回去吧」，不斷地將這些想法付諸行動。這麼一來，信用存款就會一點一點累積。或許在工作上，或是生活中的其他方面還不夠理想，還是會想替自己扣分，但是從整理東西的層面開始增加信用存款，就能夠不再無謂地自我否定了，也藉此讓心靈放鬆，達到更健全完滿的狀態。

案例六 「總有一天」是什麼時候？放著沒人理的英文會話函授教材

說來不好意思，以下是發生在我自己身上的事情。在我還沒有斷捨離的「斷」這個想法的時候，總是想著「要是能說英文就太酷了」，因此買了一整年的英文會話函授教材。先付費，之後教材會每個月寄來。可是冷靜想想，我的個性根本不適合這麼勤奮的學習。於是我的內心充滿罪惡感，最後就開始找藉口：「申請的時候覺得時間應該很多，結果好像有點忙」、「等到暑假的時候再全部一起做」、「還是寒假好了……」、「春假……」、「還是退休後好了……」就這樣不斷延後，最後終於忘記了。某一天，大量的教材和錄音帶全都跑了出來。這個時候，我的家裡已經只有CD播放器，沒有錄音帶播放器了。因為一直對自己找藉口「總有一天、總有一天……」，才會長年放著不管。現在想想，真的失去了龐大的能量，最後雖然透過「湮滅證據」→「無罪釋放」的方式得到解脫，可是，早點處理掉不就好了嗎?!

由忽視和否定而來的能量

假設，我和兩名朋友A和B是感情很好的三人組，可是某一次，我的態度大變，三個人在一起的時候，都會故意忽視B，不僅如此，還連看都不看他一眼。

這麼一來，B一定會覺得很難過吧？接下來，還會越來越生氣，覺得「山下英子真是個沒禮貌的傢伙！」，「可惡！」。在斷捨離之中，物品也是一樣的。物品不會罵人，可是從事這個工作多年之後，該怎麼說呢，我會覺得它們好像會散發出一股怨氣。或許有人會覺得，人和物品一視同仁很荒誕可笑，但是物品之所以會被帶進家裡，原本就是因為人想要「用」才被留在手邊，一旦不再使用，就等同背叛了這段關係。斷捨離經常著眼於「物品和自己的關聯性」，所以當這個關係半上不下，別說忽視，連物品的存在都忘記的時候，物品不僅完全無法發揮自己的功用，甚至陷入連存在價值都遭受否定的狀態，而始作俑者的當事人什麼都不記得，所以也不會有罪惡感。但是，物品還是存在啊。

好了，現在將這個想法放進腦海裡，打開自己的衣櫥看看吧。是不是充滿了忽視和否定的怨念呢？

過去，來參加講座的學生用一種相當獨特的方式來形容這種狀況。一打開衣櫥，衣服全都塞得滿滿的，其中經常穿的衣服大概只有三套，而剩下來文風不動的衣服，簡直就像是「無人臨幸的大奧側室」。過去或許因為受到將軍寵愛而穿上身，不過現在將軍卻只理會三套新寵。不過衣櫥就像大奧，只要一被將軍碰過，就不能到外面去，於是衣櫥所有的衣服就好像在等待著不知何時會造訪的臨幸。將軍大人最多一次只能同時對付三個人，明明就無法對付另外三十個人，將軍還是非常執著不讓沒有臨幸的側室跑出去，或者說帶有留戀、覺得很可惜而出手干涉，想要將對方留下來，然後一直重複這樣的關係。很可怕吧？

不過，其實衣櫥根本就不是大奧，所以既然衣服不穿了，還是請它走上新的人生比較好吧。不只有丟掉一途，其他還有轉讓、回收等等，方法很多的。

有人說比起生存欲望，人類的歸屬感、認同感等欲求更為強烈，所以為什麼有人被裁員而把自己逼上自殺之路，就是一個例證。

衣櫥爆滿的狀態當中，**那些「無人寵幸」的衣服所散發的能量，就像尋求歸屬感、認同感的欲望沒有受到滿足的負面情感**，而您是否經常籠罩其中而大受影響？

讓房間變亂的心理

基本上，讓房間亂七八糟、陷入混亂，不用心打理，就是**一種自我否定、自卑的能量**。以自己為恥，輕蔑自己，甚至潛意識裡的羞恥感更超乎自己實際的感受。不久之後，**感覺到不愉快的大腦迴路會麻痺**，到這個地步，根本搞不清楚是因為房間不乾淨才覺得丟臉，還是因為覺得丟臉才讓房間變得不乾淨了。將房間弄髒的人也一樣，有一種自我懲罰的傾向。如果您覺得自己也是這樣，就先認清自己所處的狀況吧，因為能夠靠自己判斷，而且能夠改善的也只有自己。

案例七　在外是令人稱羨的室內設計師，其實自己家裡卻……

真由美小姐在房屋公司擔任室內設計師。「好棒喔，妳家一定也很漂亮吧。」每當人家稱讚她的工作時，她就會陷入低潮，因為她的家裡真是慘不忍睹。參加了斷捨離講座之後，真由美小姐甚至重新審視了為什麼自己會開始從事室內設計師的工作。老家家教嚴厲，雙親媒合的婚姻失敗了，再婚之後仍沒有小孩，因此她不斷責備自己，覺得自己除了家事之外一無是處。可是，就算拚了命做家事，丈夫也沒有讚美她、認同她。那個時候，她接觸了室內設計師這個工作，發現了在家庭之外，自己能夠受到認同的地方。然而工作上的順遂卻拉大了工作與家庭生活之間的鴻溝，彷彿隨時都在說謊的狀況讓她非常痛苦，這其實是逃避現實的典型。在了解斷捨離之後，她腳踏實地慢慢地整理家裡，開始有了信用存款。原本打算購買新屋，將狹窄的公寓脫手，不過她發現「不是家裡太小，只是東西太多了」，所以放棄了原本的購屋計畫。透過斷捨離，她省下了好幾千萬。

重新思考住家環境的意義

看過很多沒有整理的房間之後，我想出了一個公式：「**量×場所×時間**」，就是我們從環境所接收的能量，並非加法而是乘法。我先說明量和時間的部分。「不需要、不適合、不舒服」的物品大量長時間存在，和少量短時間存在差異很大。這麼一想之下，住在有倉庫、老房子裡的人非常辛苦，因為到處都是代代相傳的物品，若要進行斷捨離真的相當不利。

接下來是場所，這也很重要。舉例來說，有很多人家裡的衣櫃上方，東西經常堆到天花板？要是在這種臥房睡覺，身心都無法得到休息的。經常感覺到壓迫，也容易導致失眠。還有，地板上東西散亂、寸步難行，這也會帶來經常性的不安定感，這種不安真的相當累人。上方堆滿物品會讓人有空氣不流通的感覺，就好像運氣被塞住了一樣。如果是腳邊堆滿物品呢？「腳步踉蹌」、「失足」、「扯後腿」等等，和腳相關的慣用語很多，而這些情況說不定也會發生在真實生活中，因此應該盡早除去這些東西。

利用斷捨離，以「住育」爲目標

我已經分類、分析過無法整理的房間，大家是否已經可以清楚地看出，自己的房間處於什麼樣的狀況呢？自己本身的狀況就是如此投射在我們的住家，然而，我覺得我們對於如何面對和改變住家的狀況，仍然沒有覺悟。

住處究竟是為了什麼而存在？可以先就這個想法當作起點思考看看。家為我們遮風蔽雨，讓我們有地方可以避暑、不受寒。在斷捨離之中，住家的大前提就是「**確保健康和安全**」。這麼一想，住的地方如果沒辦法確保我們的健康和安全，那就變成「住處」而非「住家」了。各式各樣的物品堆積而沾滿灰塵、黴菌、塵蟎滋生，環境上的健康就不復存在。物品堆積如山，地板上的東西也令人寸步難行，東西掉下來的危險、絆到東西的危險，這種家根本不安全，就算在硬體方面是高級建材的優良住宅也是徒然。跟房子的新舊沒有關係，只要物品堆積就會損害健康和安全。在這樣子的狀態下，甚至還有人抱著氣喘的孩子拚命去看醫生。看醫生固然重要，同時也要讓家裡維持在簡單打掃即可的狀態，減少物品，以防黴菌、塵蟎滋生。我認為要從這個方向著手，才能根治孩子的氣喘。

另外，有很多人很在意食物和水吧？水和食物都是支撐人類最基本的東西，有人可以只靠水和砂糖成功斷食一個月，更甚者，新聞也播報過奇蹟似的救出不吃不喝一整個星期的人。但是，說到最底限的底限，假使呼吸停止，短短的五分鐘就能讓人類致死。這和食物或是水所維繫生命的時間單位不同。既然這樣，呼吸的品質也和食物或是水一樣，不，應該更加重視才行。

就像「食育」這個字一般，我們對於放進口中的東西有比較強的意識，但是對住處以及物品的意識卻還差得遠了。斷捨離的目標就是要建立起「住育」的概念。

提升居住空間意識——擺脫不知不覺

自然環境、地球環境、家庭環境、腸內環境……環境也有各種定義方式，不過在斷捨離之中，會從三個觀點思考環境。

- **「和人有關聯的環境」或「和場所有關聯的環境」**
- **「近的環境」或「遠的環境」**
- **「可以靠自己的力量改變的環境」或「不可以靠自己的力量改變的環境」**

在和人有關聯的環境之中，相關的人就顯得重要了。舉例來說，改變家庭環境不是那麼容易，但是，場所卻能靠自己改變。就遠近來說的話，遠的環境不會對自己造成直接的影響，所以要改變的話，近的環境比較好。

綜合來說，「和場所有關聯、距離近，並且能靠自己的力量改變的環境」正是立刻可以輕易改變的。因此最容易改變的，就是居住環境。

這是題外話，不過其實也有「看得見或看不見的環境」。現在很流行前世、祖先、能量光環之類的，就某方面來說，這也算環境的一種，和人有關聯的環境。倘若真的有這種東西，應該會相當難改，畢竟是抽象的東西。儘管如此，還是有人拚命集中精神專注在那上面，結果根本連腳步都站不穩，完全徒勞無功。最容易著手的，就是活用看得見的環境中「場所的力量」。只要想改變，就要從完全看得見的環境著手。

想要改變居住環境，首先需要的是診斷，所以，試著用別人的眼光看看自己的家。舉例來說，去別人家的時候，有時候是不是會覺得「這是什麼鬼樣子啊」？住在那裡的當事人似乎已經可以視若無睹，才能無所謂地在那裡生活吧。

這麼一想之後，當您回到家，甚至有可能會覺得自己家其實意外地也半斤八兩。在斷捨離之中停滯不前的人，通常都是卡在從他人的觀點反省的過程。這就像是減肥量體重的時候一樣，必須面對不想面對的現實。但是，這個過程才是真正重要的。我會在第四章介紹熬過這個狀況的技巧。

擁有能夠放鬆的居住空間，才是愛自己的表現

回到家的時候，看到房間亂七八糟，就會無意識地嘆一口氣，或是忍不住說出「好累……」之類的話。但是，要是家裡一塵不染，這些話就會變成「還是在家裡才能放鬆呢」。其實這些無意識之中出現

的動作、表情、言語是很具影響力的，如果同居的人經常嘆息，您應該也會變得相當沒精神。就算是一個人住，所說的話和態度都會反射到自己身上。所以，**話語和動作也是自己能夠改變的環境之一**。

自己的家成為可以好好愛自己的空間，這是斷捨離要達成的。去高級餐廳，要是只有自己的盤子缺了口，您應該會不高興吧？然而，您卻有可能在自己家裡這麼對待自己。還有，在高級的美容院享受了好幾萬圓的超棒療程和空間後，回到家卻得面對髒兮兮的房間，這也是有可能的。我能夠了解大家想要脫離現實放鬆的心情，但是落差太大，最後就只能落到自貶的下場。既然這樣的話，也把自己家裡打造成無與倫比的空間不就好了？**斷捨離也是一種極力消弭落差的環境整理。**

以前，我曾經聽過飯店的房務人員說過一件事：投宿高級套房的客人，會把房間整理乾淨之後才退房；相較之下，標準房的模樣真的慘不忍睹。他們一定認為，反正是房務員的工作。雖然不是要做給誰看，不過自己造成凌亂還是要由自己好好整理。倘若能夠成為自然而然地這麼做的人，那是最好的了。

居住環境是可以靠自己改變的環境，打造出可以好好愛自己的空間。

斷捨離專欄 2——南丁格爾口中的居住環境和健康

參加斷捨離講座的學生，同時現在也是主辦講座的斷捨離傳教士、心理療法專家川畑信子女士在自己的部落格上寫了南丁格爾的居住環境論。居然在一百年前，就有人能夠如此深入地洞察居住環境和人類疾病的關係，真的令我大感驚訝。在大眾眼中，南丁格爾的形象是「戰地天使」，然而令人意外的是，她也從居住環境考察出疾病發生的過程，這一點卻沒什麼人知道呢！我想她才是雜務管理諮詢師的元祖吧？！「不只是堆積如山的髒東西，還有其他讓家中成為髒東西囤積處的物品。好幾年沒換過的舊壁紙、髒兮兮的墊子、沒有清潔過的家具，這些東西都像是在地下室堆馬糞一樣，是讓空氣不乾淨的主要原因。因為世人受的教育和習慣的關係，大家都對居住的健康法則毫不關心，連想都沒想過這種事。然後，對所有的疾病都理所當然地當成自己的宿命，逆來順受。還有，就算認為保護家人的健康是自己的義務，在實行面卻也一定都會輸給各種怠惰和無知，做得到一時，過一陣子又故態復萌。」——《護理筆記》（Notes on Nursing: What It Is, and What It Is Not）佛羅倫斯 • 南丁格爾著

這種「怠惰和無知」主要有三大要點：

1. 不覺得需要每天親自檢視建築物裡的各個角落。
2. 不覺得空房間也需要流動空氣、陽光、清掃。
3. 覺得只要打開一扇窗戶，就可以充分流動空氣……等等。

大家現在看來，應該是深有所感吧。

第三章

先從整理腦袋開始

斷 捨 離 式 思 考 不 二 法 則

精髓就是貫徹自我軸心，時間軸則是「現在」

接下來我要介紹的是實踐斷捨離時不可或缺的思考訣竅。

我想大家已經察覺了，斷捨離是非常簡單的方法。總而言之，以行為來說，就是先「丟掉」，第一步只要把不要的東西全都丟掉就可以了。而丟掉的真諦，就是確保關係軸是「自己」，時間軸落在「現在」。就算是將物品分成「衣服」或「廚房用品」，篩選的方法不會因類別不同而有差異。但是，該如何確保自己思考時的主軸不會偏移？就讓我介紹箇中訣竅。

「自我軸心」的訣竅——注意提問時的主詞

假設這裡有一副我的眼鏡。

就算我對您說：「請拿去用。」您也不會用吧？這副眼鏡並不是「不能用的眼鏡」，而是可以使用。同樣可以使用的物品，也會因人不用而有完全相反的判定。也就是說，「可以用」和「用得到」是不一樣的。

如果只把家中「可以使用」的物品挑出來，應該會有一大堆吧？打個比方，在便利商店拿的免洗筷，要問可不可以用，答案當然是可以。可是，要問我會不會用，答案是不會，那是我不會主動去用的物品，然而這種東西卻會在不知不覺間塞滿抽屜。我們都很容易陷入只不過是可以使用就難以丟棄的心理，換言之，就是「覺得可惜」的心情。不過，這是讓**物品當了主角的狀況**。從眼鏡的例子大家就能了解，**本來物品就是因為「用得到」才有價值**。可是，**很多人卻將物品**

當成主語，才會說「眼鏡可以用」、「筷子還能用」，這是將主角的位置讓給物品，焦點配合物品的狀態。

用這種觀點環顧房間之後會發現，蛋糕附的保冷劑、乾掉的濕紙巾、免費原子筆、在旅館拿的毛巾，全都塞滿了收納櫃。這些很難說是「精挑細選留下來」的物品，以本質來說大概是可回收垃圾的水準。倘若大量堆了這種等級的物品，就代表自己對物品的量、品質毫無自覺。這些在住處存在了好幾個月、好幾年的物品，只不過是因為不是生鮮食材才沒有爛掉，**就機能面來說早就腐敗了。**讓自己身處於這種環境，幾乎等於住在「垃圾放置處」的房子裡。

說個題外話，電視新聞會形容一些人住的地方是「垃圾屋」。那種狀況已經超越了垃圾放置處，而是成了「垃圾場」的狀態。到了那種地步，就不是對物品的量和品質沒有自覺，而是「毫無感覺」，這樣的人已經分不出垃圾和生活物品的差別，連「丟棄」的動機都失去了。雖然不能一概而論，不過能夠在那種狀態下生活的人，多半在過去都經歷過強烈的孤獨。像是家人離異，或是失去所有財產等等，這些事情所帶來的難過、悲傷讓他們痛苦，於是封鎖了自己的情感，同時也失去了覺得舒適等等美好的感覺，好像只有在某些東西的圍繞下才能治療寂寞。對於那樣的人，我真的覺得他們已經沒有任何感覺了，不過大部分的人都還沒有到那個地步，所以請放心，思考模式還是可以改變的。

注意自己提問時的主詞，是「我」還是「物品」？一旦養成經常自我提醒的習慣，這麼一來思考模式就會自動轉向針對物品的量與質，並作出是否需要的判斷。如果毫無自覺，就算是沒油的打火機也會珍惜地收藏著不丟掉吧。只要用不到就丟掉，如此一來才會逐漸形成「因為真的能用我才在用」這種思考模式。

將物品比喻爲人際關係，了解「現在」

為了簡單理解和物品關係的變化過程，就讓我們將物品代換成人來重新檢視。

猶如垃圾堆的房間，就是所謂的**被他人環繞著生活**的狀態。因為不好意思拒絕，所以讓他們待在家裡，可是這些人卻是陌生人，而且還為數眾多，這就令人很不舒服了吧？

如果可以慢慢地將主角從可以使用的物品換成自己，來判斷物品是否要使用，就已經邁進一大步了。以人際關係來說，就是從充滿陌生人的房間升級為只容納認識的人，數量便會大幅減少。這種感覺大概很類似去了國外，在外國人的團團包圍下，找到同胞那種鬆口氣的心情。關係從認識的人再向前進之後，接下來就是確認稱不稱得上是朋友。在這個階段，就要加入「時間軸」。或許過去感情很好的朋友、或許是過去很珍惜的寶貝，過去喜愛、懷念的情感會泉湧而上，可是現在價值觀改變，可能已經說不上是親密關係了。在這個時候，與其勉強自己丟掉東西，不如先慢慢適應這種觀點的變化，漸漸接受轉變才是上策。這個步驟，就是**選擇對「現在」的我來說必要的朋友**的階段。

要擁有這個觀點，可能有不少人會因為情感左右所苦。但是，就算是人際關係，只要不是太特別的案例，關係改變是很自然的，就算逐漸疏遠，也可以心平氣和地接受。不過很可惜，物品不像人會自己走開，所以無論是進行判斷，還有之後的丟棄、回收或是送人等等，這些過程都必須由自己實行。

反覆幾次之後，就會漸漸看出「現在」的自己不需要的物品了。過去，一名參加講座的學生曾經用「明明已經在丟了，垃圾還是不停地冒出來」來形容這種狀況，這時候真的是連街上賣的東西看起來都全是垃圾，人的思考模式其實是可以有很大的轉變。在斷捨離之中，我們稱這種情形為「雜物ＩＱ」的提升。進階之後，選擇物品就像選擇死黨，**只挑選出真正需要又喜歡的等級**。畢竟要跟很多人深入交往很困難吧？所以，最後留下來的一定都是嚴選的結果。

案例八　假牙成為接受丈夫死亡的契機

十年前，勝美女士的丈夫突然辭世，讓她整個人失去了元氣和體力。丈夫的死、突如其來的獨居生活，一連串的變化讓她難以接受。而十年來一直亂糟糟的廚房，彷彿訴說著這段時間的悲傷感嘆，把勝美女士逼到了臨界點，於是她開始斷捨離。她花了三天，一天兩小時，鐵了心解決掉十年來的混沌！然而，她竟然在水槽的角落找到了亡夫的假牙，她隨即放聲大笑，心想：「他在那個世界吃飯吃得很辛苦吧。」她覺得自己對丈夫的思念，就像這副假牙，讓她實際感受到人事已非，大笑著接受現實之後，物品和心靈都進入了新的層次。將重要的回憶放在心底，同時也要藉由丟棄物品讓「現在」的自己重新站起來。對現在的勝子女士來說，之前的低潮彷彿不曾存在似的，房間煥然一新之後，她也輕鬆地維持著整潔。斷捨離成了一個契機，讓她熬過丈夫的離去，接受了令人心痛的事實，然而她已做好準備，爽朗地邁向嶄新的人生舞台。

選擇物品的訣竅要思考的並非物品是否「可以使用」，是否「用得到」才是問題的關鍵。

釐清所謂「掃除」的概念

說到「打掃」，我們會覺得這是什麼樣的行為呢？用吸塵器嗎？把散亂的物品放進收納用品裡去？把不要的物品丟掉？浮上我們腦海的行為每個人都不一樣吧？

那麼，我在這裡有些問題。下述選項之中，哪些符合「整理」和「收拾」呢？

□把放在沙發上的洗好的衣服疊起來
□把散亂的玩具收到玩具箱裡

□把放著沒收的書放回書架上
□把用完的文件放進檔案夾
□把烘碗機裡面的杯盤放回架子上

在斷捨離之中，這全都屬於「整理」而非「收拾」。斷捨離的收拾是「篩選不要物品」，而這五項全都是物歸原位，或是改變家中的型態或移動、改變位置而已。把不要的物品送出家門，才是斷捨離中「收拾」的意義。

有很多人混淆了「整理」和「收拾」，所以先讓我來解釋清楚。**大多數的整理術、收納術都不會明說「打掃」分為哪些種類。**以前，我拜訪了一戶苦於無法整理的人家，結果看到一台買了四年卻一直沉睡在紙箱裡的吸塵器。這家人大概覺得「掃除」＝「吸塵器」，可是如果不先處理掉滿出來的垃圾，再怎樣都輪不到吸塵器上場。

斷捨離將「掃除」明確地分為**「收拾」**、需要收納術的**「整理」**，以及掃、擦、刷的**「清掃」**三種類。

請大家回想一下，這三類的本質完全不同吧？各位不覺得這三個動作所需要的大腦迴路和身體力行的方式差很多嗎？整理和清掃都要在收拾之後，才能順利進行。畢竟，就算要整理書，比起不知不覺中增加又散亂的一百本書，篩選出真正需要的十本之後，一定會更能快速地整理好，分類也會輕鬆許多。就算十本書隨便放，也不會給人散亂的印象，攤在地上也比一百本亂放的書容易清理。也就是說，**「掃除」是需要照順序的**，可是大家卻在不好好收拾篩選物品，在物品數量龐大的情況下著手整理，所以很快變亂又很難清理，就會覺得很痛苦，感覺浪費了人生寶貴的時間。對於喜歡收納術，把它當作興趣的人來說倒也沒什麼不好，只是大部分的人應該都會比較想把時間花在別的地方吧。

其實我是一個超怕麻煩的人，我不是那種會鉅細靡遺地把生活智

斷捨離的「掃除」概念圖

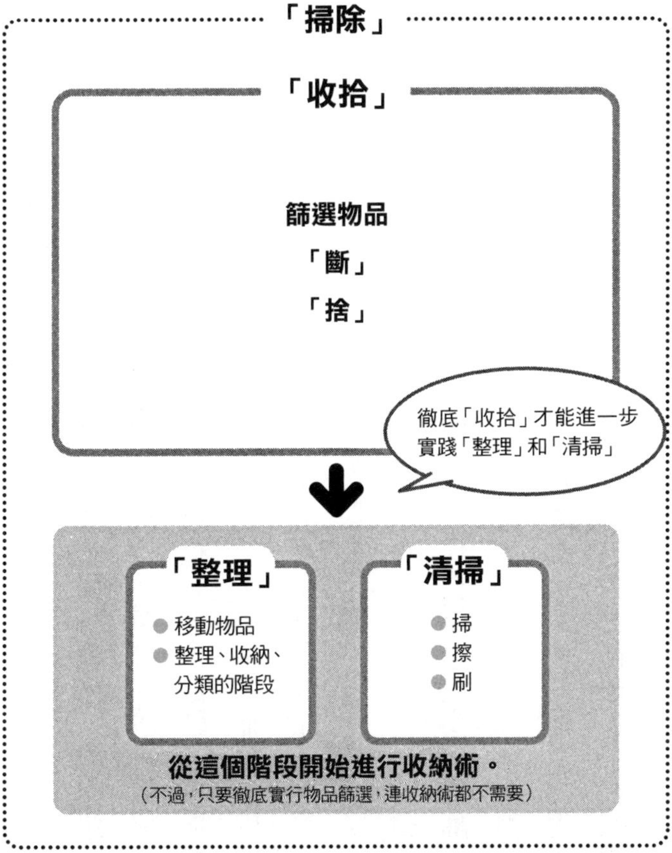

※本書將「掃除」歸類為「收拾」、「整理」、「清掃」三個動作的總稱，和一般的「打掃」定義不同。

慧分享給大家的超級主婦，會想到斷捨離，說穿了也只是因為不想要做麻煩的事而已。因為不擅長收納而減少物品，因為討厭清理，所以盡量不把物品放在檯面上。換句話說，我是利用「減法」的想法，思考要怎麼樣才能「不打掃」。我想或許可以說，整理、收納術只是為了擅長的人而存在的，但是就算沒人教，這種人也會自動自發地想點子。因此我認為，對所有覺得收拾、整理、收納這種「掃除」手續很麻煩的人來說，斷捨離是必要的，因為我自己就是這樣的人。託斷捨離的福，我真的覺得很輕鬆。而且會自然而然地想要「掃、擦、刷」，甚至覺得這是愉快的工作。

我在風水或是自我啟發的書上面看到，他們很重視刷洗馬桶。的確，馬桶很重要，將住處中最容易弄髒的地方擦得光可鑑人，是非常舒服的事。可是，如果是連住處都完全沒整理，要他們把手伸進馬桶裡刷洗，難度也未免太高了。假使馬桶真的刷得亮晶晶，然而家裡還是一團亂，這樣真的也能提高財運嗎？我有點懷疑。

把不要的物品送出家門，
才是斷捨離中「收拾」的意義。

著眼於「不丟掉的損失」

大家知道20／80法則嗎？它的概念是「營業額的八成是所有作業員的兩成之中締造的」諸如此類，也就是**利用少量的要因創下大量結果所累積的經驗法則**。

我在講座上和超過兩千個學生接觸，聽他們說話，甚至視情況造訪他們的家。雖然每次個案不同，不過在這樣的過程中，我開始覺得物品似乎也符合這個法則。

九十三頁的「現在、過去和未來的區域」圖表中就呈現出這一點，實際上具有價值並且還在使用的物品，大約佔了全部的二成。而且十次有八次，我會覺得光靠這兩成的物品就夠了，所以就算沒有其他物品，**五次之中我只有一次會傷腦筋**。您可能會認為，全部留下來不就完全不需要傷腦筋了嗎？然而對於物品，這樣的想法並不適用。在需要用到之前，這些物品反而是「愧疚和不安的堆積」，光是放在那裡就非常棘手，反倒令人困擾。所以還是丟掉比較好，不丟掉反而吃虧。

我介紹過三種丟不掉的人之一──擔憂未來型，這種類型的人就會傾向將焦點放在「五次之中只會發生一次的狀況」。這時候，如果在剛開始斷捨離的過程所感受到的「可惜」、「罪惡感」如果能同時泉湧而出，就能有效地讓您想到「不丟掉才吃虧」。

另外，擁有越多東西，就會越陷入「不得不管理」的狀況，永遠被物品追著跑，不過一方面又因為忙碌而無法管理妥當，最後就會導致物品大氾濫。反之，即便是忙碌而沒有餘力整理，只要物品不多，水量也能控制在最小。因此最重要的是好好實踐斷捨離，篩選出喜愛又好用的物品，管理上也會變得輕鬆愉快。而且自己喜歡的東西所散發的波長和自己吻合，會轉換成一種彼此契合的正向能量，成為自己的幫手。在家裡找出能成為自己幫手的物品，其實很像尋寶、挖掘的工作。

雖然一直掘地翻土很麻煩，可是一想到從泥土中能找到寶藏，就會覺得非做不可吧。

案例九 囤積的食材所顯示的生活壓力

因為教師這個職業的緣故，弓子小姐有很多機會到學生家裡做家庭訪問，卻看到屋內常有無處可坐的慘況。不過回到自己的家，發現自己的狀況其實也一樣。這幾年因為太忙，已經完全放棄整理房間了。雖然很在意應該回收的紙類、書等等大量物品，不過她決定先從廚房著手，畢竟維繫生命的根本——放食物的地方如果亂七八糟，一切社會、心靈的活動都不會正常。因為擔心「不知道下次哪時候才有空買」，所以一去超市就大量購買的食材塞滿了冰箱、好幾年前買的冷凍食品在冷凍庫裡堆積如山。為了讓她客觀地感受食材氾濫的狀況，我先把放在冰箱第一層的食材拿出來攤在地上。這個震撼教育讓弓子小姐大吃一驚，她才知道實際的物品數量遠遠超乎想像，而且很多是三年前就買了一直放到現在。一問之下，那一年她剛開始擔任導師，是她職業生涯的轉捩點，也是她開始背負重任，並且在評價的窄縫中拚命的時期。她先開始實踐的是「斷」，在冰箱裡的食材吃完之前，盡量不要買新的食材。實行一段時間之後，物品就會自然進入「斷捨離」的過程，開始能以物品為媒介進行自我改革。

丟不掉的物品 是不是五次之中有四次不會使用呢？

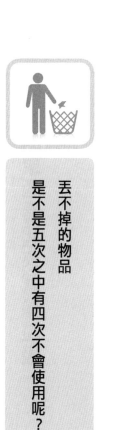

「別人的東西看起來就像垃圾」

只要不是一個人住，居住空間就是家人和同居人共有的空間。這麼一來，每個人的物品該如何處理，就是大問題。

坦白說，別人的物品更讓我們討厭。人類也是動物，兩個以上就會爭奪地盤。放置物品和小狗對電線杆撒尿一樣，是一種宣示主權的行為。如果無法認同對方的主張，對方的物品看起來就會像是垃圾。

舉例來說，太太要是對丈夫說：「這種垃圾應該不要了吧？」丈夫就會覺得自己遭到否定，這種話其實很傷人，像這樣無意間想丟掉丈夫的東西，一定會招致激烈的抵抗。所以就算非常想把別人的東西丟掉，也請克制這樣的情緒。別人的東西不能隨便丟掉，如果是您，應該也不希望別人亂丟您的東西吧？而且還有一個很不可思議的狀況，一旦開始不再把放置物品和主權宣示當成同一件事，認為別人的東西是垃圾的想法也會隨之煙消雲散。反過來說，比起自己的狀況，如果更在意別人的物品，就是一種嚴以律人，寬以待己的情緒。只要認為「是丈夫把家裡弄亂的，我才不要幫他整理」，就會連自己的東西也不整理。某位參加講座的學生曾不耐煩地說：「為什麼小孩子會在客廳放這麼多東西！」可是一旦實行斷捨離，才發現自己的東西比小孩子還要多。所以一切還是要從自己做起，別想去控制別人比較好。

那該怎麼做呢？其實只要了解中心思想即可：**先不去管別人，好好享受整理自己東西的樂趣**。於是您會發現「斷捨離怎麼會這麼好玩！」、「整理好之後，心靈也變清爽了！」這種開心愉悅的好心情，都是會傳染的。畢竟，斷捨離和以往的整理整頓不同，以前所謂的整理，行為本身就是目的，是一種伴隨著義務感的工作。斷捨離是透過物品自我發現、自我肯定的工具，過程是很有趣的。

將周遭的人捲進「斷捨離漩渦」

最近我有一種感覺，參加講座的學生和同居的家人們自然捲入「斷捨離漩渦」中的案例增加了。三四年前，還有很多人會說「丈夫是反抗勢力，好難做到……」但是最近，越來越多人對我說：「我默默地實踐斷捨離之後，丈夫也開始積極整理了！」參加講座的學生自己對斷捨離的態度改變，也是原因之一吧。一開始，對他們而言，**「不滿意髒亂的生活環境」是最大的原動力，但是現在卻開始面對自己更深層的內在了**，周遭的人一定會察覺這樣的改變。同時，我也覺得**現在的日本，物資增加的狀況已經飽和，所以人們開始有「警覺」的傾向**。當然警覺狀況因人而異，不過對於和物品相處的方法還很拙劣的丈夫、太太、爸爸、媽媽、女兒、兒子……我認為現在正是改變的機會。

案例十 擁有倉庫的舊房子裡發生的奇蹟——「古董山的崩毀」

沙也加小姐誕生的家，是備有倉庫的老屋。不只房子大，倉庫裡還放滿了代代相傳的大量物品。負責維持管理的是嫁進來的媳婦，也就是沙也加小姐的母親。可是，即便負責維持管理，母親並沒有丟東西的自由。長年以來，母親都被強制過著這樣的生活。上一代已經過世了，照理來說丟棄、處分的決定都應該回到自己手中，可是母親已經忘了自己其實擁有這份自由，只是任憑物品不斷地堆積。一開始來參加講座的是沙也加小姐，第二次她說服了母親，兩個人一起來參加。

結果，原以為絕對不會動搖的母親，竟然開始丟東西了。她的丟法很驚人，是邊哭邊丟，流淚的原因除了有放掉物品的難過、悲傷，還有最重要的就是從物品獲得解放的舒適感。沙也加深深感動，她用「山崩了！」來形容家裡的狀況。越是有歷史的家族，背負的能量也越龐大。

即便如此，出現變化的那天一定會來到。

「整理好之後，心靈也變清爽了！」
這種開心愉悅的好心情，都是會傳染的。

從情報過量到知行合一

手相、面相、風水等等，中國利用「相」的概念來分析外觀以看出命運的技術非常發達。不僅限於占卜，東洋醫學中名為「望診」的診斷法（利用臉色、舌頭的顏色等來推量體質和症狀）等等也是如此，即利用「看得見的世界」中的情報來診斷「看不見的世界」的狀況。

斷捨離也採用了這種「相」的概念，如同我所說過，住處的狀態能看出屋主本身的問題。所以，多了解「看得見的世界」，讓自己更好，這就是斷捨離的座右銘。

表相世界和意識世界

有一個成語是「冰山一角」，意思是儘管看得見一角，下方看不見的還有很大一部分，人類的意識也符合這個形容。

一般來說，人類意識之中百分之四到十五的「外在意識」就如同冰山的一角。我假設在斷捨離中，「看得見的世界」與「看不見的世界」具有同樣的構造，雖然這並沒有經過科學證實，不過我認為大家在日常生活中都能感受到表相與看不見的世界的關聯性。人類本身也是，一個人有沒有精神，都可以藉由表情或是姿勢等外觀判斷出來。但是，如果只是觀察、診斷，就算能夠引起變化，也不會是什麼很大的變化（回想一下，占卜是不是幾乎都只在診斷階段就停止了呢？）。但是，斷捨離需要實行者先了解房間的「表相」，接著才採取「捨」、「斷」的行動，藉此引起較大的變化，也就是**利用推動百分之四到十五的「看得見的世界」，來變動「看不見的世界」**。

改變自己、改變他人、改變人際關係，改變看不見的內在和關聯性並不容易，所以才要從改變眼前的環境著手，這麼一來，茅塞頓開的感覺就會泉湧而出。

舉例來說，就算轉開廚房的水龍頭想要用水，或是想沖馬桶，一旦下水道堵塞您就沒辦法安心使用了吧，在那種情形下無論如何都不會想轉開水龍頭。不如先將下水道弄好，讓水能夠順利排掉，知道「下水道很通暢」的話，就可以安心轉開水龍頭了。也就是說，只要潛意識同意接受新的事物，好的東西就可以流進腦海中；一旦潛意識知道有阻塞的狀況，就不會讓新的情報進來。**因為有了堵塞的意識，才會啟動不想打開的心理。既然這樣的話，就利用清除堵塞住家裡的東西來做練習。**這就是這個階段的機制，留在房間裡的東西是「愧疚和不安」的象徵，毫無價值。清除這些東西，就能對潛意識起大作用。

今後要「知行合一」：訓練最重要

「了解」和「實踐」中間有很大的距離。舉個很簡單的例子，就算學了英文，如果不多聽多講，應該無法到達「學會」的境界。可是，我卻深刻感受到日本的英文教育並沒有賦予這樣的環境。教是會教，卻沒有時間，也沒有機會實際應用。因此即使很會考試，卻不太會使用。坊間自我啟發的勵志類書籍也有這樣的情形，雖然有很多很棒的內容，不過在書中也提供練習機會的書籍卻不太多。斷捨離最有效的，就是現在可以立刻在家裡開始實踐，從丟掉眼前的一個垃圾開始即可。現代社會資訊爆炸，而我們就活在充斥著物資和情報的時代裡。有一句話叫「知行合一」，就是讓自己的行為和認知能夠一致，因此需要捨棄多餘的情報，只選擇自己能付諸實行的部分，才可以擺脫「腦中的意識便秘」。

「可惜」真正的意義

我曾說過，覺得「好可惜」是由於讓物品當了主角，篩選時並非考慮是否「用得到」，而是「還能用」，所以很難把東西丟掉。可是一般來說，「好可惜」這句話不就是「珍惜物品」的代名詞嗎？在選擇取捨的時候祭出這句話，就等於得到了**丟掉之後良心不安的赦免令**。

然而，這種情緒本身並不是錯的。

其實，覺得「好可惜」還有另外一種形式，那就是**喜愛物品的心情**。決定把東西留下來時請記得感受一下這種情緒。畢竟如果真心喜歡，根本不可能把物品賣掉。可是當您連該物品的存在都忘了，更別提平時的維護保養，偶然找到它，要丟又覺得「可惜」。所謂「好可惜」的心情說穿了僅此而已，和真心喜愛物品的狀況根本不同，只不過是怕麻煩的赦免令，甚至是一種執著的心理。如果在接受物品時可以貫徹真心喜愛物品的想法，那所保留的物品就絕對不會無法物盡其用而堆積如山了。

其實「可惜」原本有「應予珍惜」的含意，一旦物品最初的姿態再也不被接受，那就變得「令人惋惜」了。

從公共建設削減問題也能看出的兩種「可惜」

公共建設削減與業務劃分的問題最近很受重視。而動搖這些問題基礎的，我認為就是對於「可惜」的兩種不同的解釋。

二〇〇六年當選滋賀縣知事的嘉田由紀子知事當時利用「好可惜」這個標語來要求中止已經在施工中的新幹線車站，凍結建設案。當初在計畫的時候，對於這個車站的機能與其高額的建設費用等等已備受質疑，嘉田知事當選後更推波助瀾。對立的建設推進派則主張已經開始施工，認為到這個地步再停工太可惜了，形成**兩種「可惜」的對立**。一邊是認為「已經建設中，停工太可惜」的支持派，而反對派的知事則認為「繼續在這種低機能性的車站上支出經費太可惜了」。究竟要不要接受新車站呢？這不就像出口〈「捨」水門〉和入口〈「斷」水門〉兩種「可惜」的對立嗎？最後嘉田知事所代表入口水門的「可惜」得到多數的縣民支持，於是整個建設停工。

同樣的情況，也發生在政權輪替至民主黨之後，是否凍結水壩建設計畫的問題突然開始受到矚目，都已經進行到這一步了，停建太「可惜」／不對，用不到的水壩才「可惜」。滋賀縣的案例還算好，沒有再浪費更多納稅人的血汗，可是從政治和行政層級來看，任誰都覺得「荒唐」的政策卻堂而皇之地通過，媒體上經常有這樣的報導。

反觀我們每個人，令人意外的是，我們也經常有同樣的問題卻視若無睹。如果不了解「可惜」這個字的真意，同樣會製造出對立。要選擇哪一種定義的「可惜」呢？我甚至認為，人生會因為這樣的判斷而改變。還有希望各位記得，覺得「可惜」的時候並不光是把東西收著，而是要分享出去；並不是因為「可惜」，才為了未來的某一天保管起來，而是要將物品送到此刻最需要的地方。倘若能用宏觀的角度定義「可惜」，進而成為物品循環的原動力，才算得上是優秀的斷捨離。

「可惜」並不是丟棄物品的赦免令，而是對於物品的珍惜。

活著就是不斷地選擇——鍛鍊「選擇力」

斷捨離的副產物有很多，磨練「選擇力」也是其中之一。所謂的斷捨離，就是抉擇、抉擇、抉擇、抉擇。抉擇的尺度會因階段不同而異，不過盡量保持越單純越好，因此分類最好設定最低限度。

不要給自己太多

我們會無法行動的最大原因之一，就是選擇太多，導致什麼都選不了的「迴避決定法則」所致。要從二十或三十個東西中作選擇，光是要掌握狀況就得費盡苦心。我自己也是個怕麻煩的人，所以光看到居酒屋的菜單上數量龐大的料理，我就頭昏眼花了。不過要是將物品縮減為「松、竹、梅」或是「A、B、C」三種類，我就可以作出選擇。

這是題外話，聽說如果把什麼東西都給小孩子，他們就會成長為沒有自主性、選擇能力低的人。

您身邊的孩子是否經常說「都可以」呢？因為收到的訊息太多了，才會無法思考自己需要什麼。

「最多三個」、「從三個當中選擇吧」、「分成三分的話」這麼做就能更容易理解，也更利於行動。因此，大家或許已經注意到了，在斷捨離之中，經常會出現三項的分類。「丟不掉的人」、「廢物」、「打掃」都是三類。這樣一來不但容易整理，進行起來也比較有衝勁。鍛鍊選擇能力之後，生活和工作等各方面，自然更能強化「自己想做什麼」這種自主性。

送給還是覺得「丟不掉」、「無法讓步」的您！

「因為是重要的人給的」、「因為自己是捨不得丟掉的人」、「要是對方知道我把東西丟掉或送人，應該會很難過吧」、「我不喜歡別人這麼對我，所以我也不能這麼做」、「我不是這麼冷血無情的人」……

像這樣把不要的物品留下來，真的是物品所期望的嗎？或者說，送東西的人所期望的嗎？物品沒有生命，所以大家可能不太會站在物品的立場去思考。那麼，讓我換一下提問的角度。物品沒有發揮其效用，只是放在那裡；因為不喜歡，就恣意對待物品，還有明明也沒多喜歡，卻被感情束縛而留著——您喜歡這樣的自己嗎？

大部分的人都不會喜歡這樣的自己吧？畢竟，這才是自己不喜歡受到的待遇。只不過剛剛好物品沒有意志或感情，有感情的是您。最後，物品就成了映照您內心的鏡子，鏡子所反射的是自我鄙視的自己。因為要面對這樣的自己，和物品對峙、把物品處理掉，才會如此艱辛且需要勇氣。但是，只要了解整個狀況的架構，您會不會覺得「不過如此」呢？原來問題一直都不是外在的，最後還是會回到自己身上。既然如此，您只能採取改變自己的行動，而且只須這麼做就好了。對人類來說，遭受半吊子的對待也是最難過的。如果討厭或是不合，沒辦法好好相處下去的話，有時候還是會希望把事情說清楚吧？光是用想的根本沒有意義，說到底，行動還是最重要的。

能夠實現「總有一天」、「到時候」的沒有別人，只有自己。

斷捨離專欄3——小松商家普及專案：復活的商家

我居住的石川縣小松市是一個市中心大約有一千一百戶老房子的地方，和以老房子多而聞名，同樣位於石川縣的金澤市比起來，小松市的老屋分佈更密集，而且市中心大約有四成都是「小松老屋」。老屋全都是昭和初期建造的建築式樣，屋齡大多超過七十年。不過，因為之前都不太意識到城市美觀的緣故，大家都直接把外觀改建成一般的商店或大樓（招牌建築），或是在珍貴的土牆上貼上薄板和塑膠布，毫無自覺地改造了老房子原有的機能性和美觀。「小松老屋普及計畫」就是在重新審視這部分。身為雜物專家而參加了這個計畫的我，曾經有過一個人整理一棟屋齡將近八十年的「小松老屋」的經驗。

這棟老屋在最後的屋主過世之後空了七年。為數驚人的物品堆滿了房間，老房子的特徵：兼具美感和機能的天花板通風樑柱設計、漂亮的樑也被鋸掉，用薄板塞起來，結果變得跟倉庫一樣。而且，裡面竟然堆滿了大量的棉被，失去了照明和通風，讓人感到快要窒息。在這間房子裡，有一位居住者因為神經方面的疾病過世，他的雙親也因為心臟病隨之離世。堆積如山的老舊棉被換來的是折損的心靈和身體的健康，想到這裡我不禁有些憤怒。

這是任誰都覺得不舒服而不願意踏入的房子，這樣的房屋連三分鐘都不想待。我在得不到任何人幫忙的情況下，就這麼開始整理了。需要？不需要？一分類我就丟掉，不停地重複這個動作。所有的物品都清掉，光和空氣流進來之後，人們也願意進來了。老房子重生，孕育出獨特風雅，於是開始出現協助我擦拭作業的人，還有人前來參觀。這時我強烈感受到：整理就是驅邪！打掃就是淨化！我也重新察覺自己的強韌。溫故知新的舊民房、老屋重生的風潮擴大，我認為也是「可惜」運動所帶來的正面意義。

第四章

雜物出動

斷 捨 離 實 踐 手 法

提升整理動力的方法

到目前為止，我已經說明過斷捨離的結構了。接下來的實踐法則，就某種層面來說也只是錦上添花。總而言之，徹底地篩選物品才是斷捨離的核心，所以本來就沒有必要介紹多餘的技巧。

我在這裡需要特別強調的是，只要**減少物品＝徹底整理，根本不用整理、收納**。我甚至還在講座上半認真地說：「先把收納家具丟掉。」只要持續篩選出真正需要的物品，就不太需要用到將物品分別收納的技巧。畢竟收納家具或是收納產品就是為了塞入堆積的物品而存在的道具，好像給了自己許可，只要有了收納物品，「添增物品也無妨」。

不過無論是丟棄還是整理、收納，有些技巧是知道賺到。這些技巧，說穿了就是**減少物品的指南**。但是，最重要的，還是果斷，以及勇氣和覺悟喔！

利用單點完美主義提高動力

在腦海中整理的時候，一開始要做的，就是自己和物品的關係軸，以及「現在」這個時間軸。對於接下來的實踐，**將焦點放在地點才會有效**。而為了**選擇地點，就會意識到時間**。今天有多少時間？有沒有時間做斷捨離？是半天、一個小時，還是十五分鐘？從這個時間開始推測您想要進行斷捨離的地點，遵循這樣的順序不但效果好，也很容易著手。換句話說，就算**只整理一個抽屜也無所謂，說更誇張一點，就算是從塞滿發票的錢包開始動手也無妨**。

要是沒有一個完整的時間，就沒辦法整理房間，大家或許會有這樣的印象，不過斷捨離的想法卻恰恰相反：從當下擠得出來的時間想出要整理的地點。所以就算很忙，也可以從今天開始。只不過，重點是能在這個時間內完成的地點。要是沒頭沒尾地做到一半，只能下星期再繼續，不但無法得到成就感，外觀也無法令人滿足。彷彿將原本清澈部分和泥水亂攪一通，反而陷入亂七八糟的狀態。因此，越是東西堆積得不像話，實在提不起勁，更應該從一個小地方開始徹底進行，自然地提升動力，不管多小的場所都可以。

斷捨離認為，我們處在物品堆積的房間中，就像在海中溺水一樣。**因此無論多小的地方都無妨，只要找到和陸地連結的地方就好了。**要一口氣將溺水的房子全救出來或許很難，可是，只要從一個地方擊破就有機會。一打開那個抽屜就浮現滿足的笑容，自己也能得到活力。如果能將這一塊整理好的陸地當作據點，激勵自己繼續前進的話，就太好了呢。這就是提升動力的技巧。

根據目的不同選擇場所

思考「我想透過斷捨離得到什麼」之後，一旦開始選擇地點，幹勁也會跟著增加。只要從下述地點開始各個擊破，斷捨離就會加速度進行。

重視健康和安全 從生存基本的地方開始。「吃」、「睡」、「排洩」的地方。

例：廚房、臥房、廁所、浴室、洗臉台等等。

從深層心理施力 看不見的地方、不想看見的地方等等。「就算整理乾淨了也不會有人發覺，但是只有自己知道，而且經常很在意」的地方。

例：倉庫、不太會打開的收納櫃、其他自己在意的地方。

重視運勢　如果想要提升家運就從玄關動手；如果想要先把自己的運勢搞定，就從臥房下手，諸如此類。

尤其能夠體會到意識變化的，就是選擇從深層心理施力的地方。明明隨時都可以整理，可是卻又不知道為什麼一直放著不管的地方；還有別人不會察覺，但是自己卻暗地裡在意得不得了的地方。譬如長久以來，一直格外在意地用著的抽屜就是這樣。心想「唉，也沒差啦」而放著不管，可是卻又一直想著「總有一天……」而延後，導致能量不斷失去。要是覺得「好想改變一下自己喔、好想有活力一點喔」的話，只要重點式處理，就能體會到「總覺得有一種和平常不同的清爽感覺」。或者是，終於將一直不亮也放著沒理，但是又很掛心的燈管換新了，房間一下子變得好亮，您就會得到這種快意。

另外，就技術方面來說，不擅長整理、收納的人其實也不擅長分類思考。因此，從不需要分類的地方，譬如**只放食物的冰箱**、**只放**

了鞋子的鞋櫃等地方開始著手，可能也比較不會有壓力。不過話雖如此，應該還是有人會把完全不同的物品混進其實應該只放食物、鞋子的地方。正因為這樣，最適合訓練把自己當主詞，進行這個地方是「吃／不吃」、「好吃／不好吃」的分類選擇。在這裡，倘若只放了「自己想吃而且看起來很好吃的東西」，那麼什麼東西該從裡面拿出來丟掉，您自己立刻就會很清楚。

從時間引導出的地點選擇，再和目的合併，「重視健康和安全」→「時間一個小時」→「不擅長分類」＝冰箱的上層——像這樣篩選之後，應該就可以找到適合這個時間的斷捨離地點了吧。

透過單點完美主義，來開啟「收拾」的切入口。

慢慢開始丟一樣、兩樣，就是斷捨離的開始

我已經不斷重複、用盡所有詞彙強調丟棄的重要性了。斷捨離的過程是「減少、分類、收納」。首先徹底實行「減少」。人類本來就很討厭丟東西，儲蓄物品是人類的本能，無論如何危機意識還是會優先作用。然而，**從人類歷史看來，現在這個時代卻儲存了遠遠超乎必要的物品**，物資飽和，並且極端不平衡地存在。每個人原本需要的物資量應該不會有太大差異，但是幾乎所有的日本人都宛如沉溺在物資中生活，甚至沒有意識到自己沉溺了。同時，日本人也因為這樣的落差所苦，一切都是在不知不覺之間發生。

從「怎麼看都是垃圾」動手

倘若大概決定好「從什麼地方開始丟」了，接下來就要思考「從什麼東西開始丟」。考量「從什麼開始」的時候，一開始大概會想到的，通常都是自己最不想丟、容易讓自己失去幹勁的物品。喜歡書的人就會想到書，因此抉擇留下來、賣掉，還是要丟掉，會非常花時間。衣服和餐具也是這樣，不過這些讓您執著的物品，就留到後面再說吧！不管怎麼看都是垃圾的東西應該堆積如山，從這些東西開始丟就好，這個階段便不需要將物品分類，判斷標準盡量簡單就好，總而言之，就只要自問「要／不要」。一旦徹底遵循這個標準，之後再看看整理過的地方，當初還躊躇游移，現在卻降低丟棄物品的標準，覺得「這個丟了應該也不錯」。這麼一來，就會產生加速度，接著很快就能開始著手處理更大的空間了。「要／不要」這個判斷標準再加上「舒服／不舒服」的判斷標準，就可以進行感性層面的取捨，這就是雜物IQ升高的表現。而且，大部分的人都會在事後發覺：「果然猶豫要不要丟掉的物品，都是不需要的啊。」猶豫就是您的感性受到考驗的證據。這麼一想，即便很難受，也是必經的過程，您就會一步一步地變成很會丟東西的人了。

垃圾分類是一道關卡

說關卡是有點誇張，其實分類並沒有那麼棘手，真正棘手的是覺得「好可惜」那些情緒與執著。所以，只要學會一點小訣竅，要跨越分類這個關卡是很容易的。

如同大家所知，垃圾分類的方式會因自治團體的不同而有差異。在愛知縣碧南市分成二十六類，德島縣上勝町更分成了三十四類，非常辛苦。不過，好像也有很多人會認為，仔細做完垃圾分類，一口氣全部丟掉之後反而很有快感呢。

雖說分類有二十或三十種之多，但要放相同數量的垃圾桶是不可能的，這麼一來，分類就需要技巧了。我在前面寫到了鍛鍊抉擇力的三個分類，這裡也大略從三類開始。

垃圾的大分類

首先就是頻率最高的「一般垃圾」，然後是「資源回收垃圾」和「非資源回收垃圾」。大型垃圾算是「非資源回收垃圾」，由於會個別回收，所以就當作是例外。

一般垃圾 一週二到三次，是處理頻率最高的垃圾種類，包含廚餘、無法回收的廢紙等等。基本上是「可燃垃圾」。

資源回收垃圾 可以回收的垃圾。瓶、罐、寶特瓶、標示塑膠圖案的塑膠容器和包裝、廢紙等等。

非資源回收垃圾 無法歸類為一般垃圾或是資源回收垃圾的垃圾。破掉的玻璃製品、噴霧罐等等。原則上是「不可燃垃圾」。

總而言之，只要先分為這三類，接下來再決定是「期限到當天早上為止」或是「當天早上再做」，之後就輕鬆了。要是一開始就詳細分類，彷彿翻著字典查資料一般進行的話，能量就會浪費掉了。先從粗分為三類開始，理應很繁瑣的分類也會進行得意外地順暢。

丟掉的時候請說「對不起」和「謝謝」

任誰都會有別人送的，很難丟掉的物品吧。別人給的東西如果自己也喜歡，那當然是最好。但是，並非這樣的情況卻經常發生。然而一旦想要處理掉，對方的臉又會浮現出來……

將物品代換成信件來討論的話，大家大概都不記得自己寫信給某個人的內容吧。可是，收到信的人會一直保存，有時候甚至還會拿出來重讀。不只有信，物品也是，**贈與的人多半都不記得那麼清楚**，畢竟物品並不在自己手邊。

那麼，既然對方不記得的話，就趕快丟掉吧，事情偏偏又不是這麼簡單。如果贈與的人知道「你明明想丟卻丟不掉，煩惱得不得了」，恐怕會相當難過吧。不僅會後悔送你東西，也會對因為丟不掉這個東西而一肚子悶氣的你感到抱歉。既然這樣，還是爽快地丟掉比較好。只要在**丟掉東西的時候，將「對不起，謝謝」這個情緒說出來**。對物品說話，才能盡快讓人恢復心情。

不只有別人送自己的東西，在丟掉使用多年的東西時，也要說「謝謝」。沒有用完的東西，則要說「對不起」，要試著開口說出來。只要試著用道歉和感謝的形式去處分，心情就會稍微開朗一些了。

如果我們能對贈送物品和收受物品有更深入的思考，就會開始覺得不應該隨便送禮物給別人。就某層意義來說，這也算是「斷」的一種呢。

讓給別人的時候，不是「給」，而是「請收下」

捨不得丟掉，但是自己用不到，不過可能有人會用到的物品。看著物品的時候，腦海中就會浮現對方的臉孔，覺得「啊，就是他！」斷捨離並不是教大家什麼東西都丟掉，最終的目標還是「必要的時候、必要的地方、必要的限度」，所以轉讓給可能會好好珍惜使用的朋友，或是利用回收商店，好好利用物品回收的管道。不過，轉讓給朋友的時候，希望大家能夠注意「給」這個字。「給」是高高在上的，甚至聽起來會像是「因為我不要了」、「反正你想要吧？」的感覺。要是說**「在我這裡沒辦法物盡其用」**，但是**「你應該可以善加使用」**，所

選擇地點和整理的過程

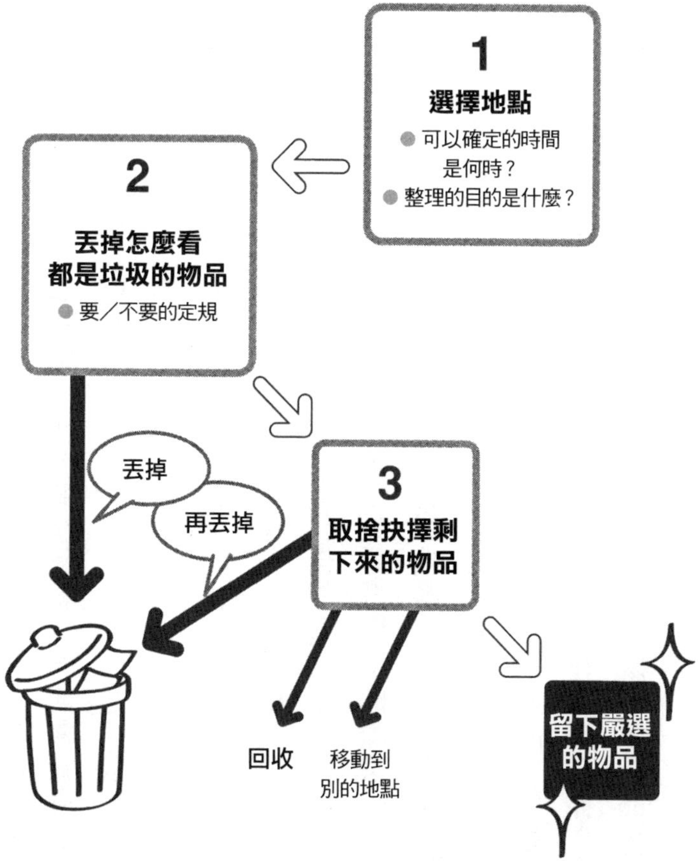

1
選擇地點
● 可以確定的時間是何時？
● 整理的目的是什麼？
2
丟掉怎麼看都是垃圾的物品
● 要／不要的定規
丟掉
再丟掉
3
取捨抉擇剩下來的物品
回收
移動到別的地點
留下嚴選的物品

以「能不能收下呢？」，這樣對方應該也能高興地接收。要是有人對你說：「我想你應該能夠善加利用，能不能收下呢？」便會覺得對方在為自己著想。這並非自我中心的「不要↓給出」，而是把接收物品的對方當主語。只不過，這個時候一定要加上一句：「如果不需要，不用客氣，可以直接丟掉或是轉讓給別人喔。」要注意避免造成對方的負擔。但是，近乎是垃圾、廢物的物品或是充滿回憶的物品，還是不要送人比較好，就算說什麼「雖然這是我父母的遺物……」如果對方不認識你的父母，也不會想要，我認為這是最低限度的禮儀。斷捨離的進階者都非常擅長回收，只要徹底執行斷捨離，判斷究竟是垃圾還是回收物的煩惱也會減少。還有，倘若有了新的愛用物品，想把之前的物品轉讓給別人的話，因為這些物品原本就是嚴選過的，都是好東西，所以對方也有可能高興地收下再使用。而且，在這個世界上也有物資不是那麼充裕的社會，拜現今發達回收系統所賜，讓物品可以循環到需要的地方，也是斷捨離的內容之一。

丟掉東西的時候，
將「對不起，謝謝」這個情緒說出來。

將大、中、小「三分法則」落實於整理、收納

接下來，終於要進入整理、收納了，這裡的重點還是「三分法則」。持續分三類，就可以自動整理好物品。

分三類之前，首先需要做的是瀏覽物品。瀏覽是什麼意思呢？舉例來說，我去吃飯店的自助餐，一定會先走一圈，看看有什麼料理。衡量自己的食量和盤子的大小，再斟酌要先選擇哪一類的料理。收拾和整理也是一樣，比起從眼前的東西開始拚命處理，「瀏覽↓分三類」這個過程更能讓我們有效率地整理。

我舉廚房為例。先掃視整個環境，然後分成**「食材」**、**「烹調器具」**、**「餐具」**三大類。廚房是做菜的地方，所以不需要有其他的東西，符合機能的物品才應該出現在這裡。就算在心中已經分類好了，

可是一動手收納，卻發現放烹調器具的地方放了調味料，或許又會讓您亂了陣腳。只要記住一個原則：大分類不混淆。偶爾會遇到一些人，櫃子裡會有乾掉的食物跟餐具混在一起，這種情況是我們應該盡力避免的。

就從「食材」的分類開始。關於這部分，每個家庭狀況不同，分類上也會有很大的差異。以我家來說，包括調味料在內，食材都統一放在冰箱管理，因此不只是生鮮食品，所有的食材都放在這裡。冰箱門分為上、中、下，上層放了普通的冷藏食品，乾燥食材和調味料也都放在這裡；中間是保鮮層，裡面的分類是葉菜類和根莖類；下層是冷凍庫，我家幾乎沒有冷凍食品，之前放了兩個冰淇淋，不過已經吃掉了，所以現在是空的。

接下來，我們要進入「烹調器具」類。可以再細分為「流理台周邊器具」、「瓦斯爐周邊器具」、「電器」。流理台周邊就是盆子、篩子、菜刀、砧板等等；瓦斯爐周邊是平底鍋、鍋子、鍋鏟、勺子等等；電器則是食物處理器、電子秤、攪拌器等廚房周邊的小型家電。分類方式可以很自由，只要配合自己的生活方式來思考即可。這也算是一種頭腦體操，像是：迷你杵缽要怎麼辦？多半都用在準備方面，所以算是流理台周邊吧？就這樣慢慢決定出自己的規矩。

爲什麼分三類剛剛好？

像這樣一層一層地分三類，其實跟垃圾分類一樣，重點是**不要從細項開始分類**。就像大量的抽屜或隔間，使用收納術、收納家具時，多半會需要我們將物品詳細分類，才會產生混亂。如果只分三項，我們還能毫不猶豫地進行分類，因為兩項稍嫌不夠，但是四項就會讓我們頭昏腦脹記不住了，最後只落得一身疲憊。從大項目開始分三類，再往下分三類……漸漸縮小分類之後，很不可思議地就能夠順利進行。舉一個簡明易懂的例子，例如住址，要是忽然說什麼麻布幾番地，

廚房的三分案例

大分類	中分類	小分類		
餐具	盤子	大盤子	小盤子	其他
	容器	陶器	漆器	其他
	飲料容器	玻璃	日式容器	西式容器
烹調器具	電器	加熱	準備	其他
	流理台周邊	盆子	篩子	刀刃
	瓦斯爐周邊	鍋子	平底鍋	工具
食材	冷凍庫	烹調過	未烹調	冰淇淋
	保鮮層	根莖蔬菜	葉菜	香料
	冷藏室	飲料	食品	調味料

只會讓我們搞不清楚狀況而已，日本國、東京都、港區——如果不像這樣按順序轉移焦點，思路就會一片混亂。

會議也一樣，擔任主席的人不能欠缺這種概念。倘若各方分別展開論述，會議永遠都不會結束，不好好想辦法將話題轉回這次的大課題，就沒辦法好好總結討論了。收納的分類也可以磨練工作必要的技術，還可以變成透過整理、收納提升功效的訓練。

持續三分法，
可以避免整理物品時的混亂。

利用七、五、一「總量規制法則」打造新空間

最近的住宅中，加強收納部分的房子增多了。收納雖然也分種類，但以櫃子、衣櫥、抽屜等等「看不見的收納」佔了大半，這些設計的優點就是——看不見收納的內容。因為看不見，所以就算塞得亂七八糟，也不會被別人發現，自己平常也眼不見為淨。因此有人會把這裡塞到不僅僅是百分之百，甚至到百分之二十的程度。這麼一來，就算想打開也開不了，好不容易打開了，卻發現物品呈現雪崩一般的慘況。

在斷捨離之中，**看不見的收納只能放滿七成**（請參照本文前的照片）。為什麼要空出三成呢？因為這會讓人有想要好好整理的心情。

在某環境論中曾經提到，三成的空間會成為物品的通道，物品有了轉圜空間，就會讓人想收拾整齊。

舉例來說，假設這個抽屜是被牆壁環繞的平面停車場。就算可以停車的空間很大，不過要是塞滿了車子，每次有車子要開出去的時候，就得挪車。為了讓車子順暢地進出，理所當然要確保通道。然而，收納術的想法卻是，如果有九輛車，就增設九個車位的停車場，不僅花錢也費工夫。

斷捨離會從根本去審視我們的生活究竟需不需要九輛車？答案是，如果在大城市，一輛就夠了，如果是鄉下最多兩輛，了不起三輛。收納術基本上是採用加量解決法，就好像將不斷增加的物品打包的作業，物品越是增加，就非得增設收納不可，成為連鎖效應。從斷捨離的觀點來看，**花費工夫收納不需要的物品，是無法從根本解決問題的。**

接下來是餐具架、餐具櫃等「**看得見的收納**」，達到美觀的最高限度是五成（請參照本文前的照片）。五成其實是非常少的，但畢竟讓人看見一大堆東西，根本稱不上美觀。在超便宜量販店中，商品總是排得密不通風，全擠在一起。但在高級精品店的架子上，卻只放置少少商品，才顯得美觀有質感。即便是同樣的古馳包包，看起來也會因為放在前者或後者而截然不同。

不過，就算同樣是看得見的收納術，書架和ＣＤ架則會因為職業和興趣大幅左右數量的底限，所以不只要篩選出真正必要的物品，最後還是要將數量控制在五成左右。

再來是所謂的「**展示收納**」。這個階段的收納量只有一成，換言之，就是最低限度。舉例來說，我們去美術展看畫，印在展覽宣傳單上的代表性名畫，多半都會很醒目地單獨掛在寬敞的空間吧？除此之外的非主要畫作，則會一一掛在牆壁上，這樣的對比可以表現出重點的強弱，而這個概念也可以應用於住宅。雜貨業可以在使用這種空間的魔法之後，完美地將商品變成展示品，產生的能量波動也變得不同。再怎麼好的畫作，要是全都緊密地掛在牆上，波動也會變得多而雜亂。減少數量，無論在多狹窄的破房子裡，都能自動營造出高貴的質感。

限制物品的數量之後，**「清掃、擦拭、打亮」就會變得很輕鬆**，而且不只輕鬆還很愉快！甚至連洗廚房盤子都是！需要洗的東西減少了，而且清洗的也是自己喜歡的器具，做起來當然心情愉快。越是不擅長「清掃」和「清洗」等作業的人，在徹底篩選物品之後，心情變輕鬆的感覺就越強烈。另外還有「打亮」的樂趣，將流理台或是地板擦得光可鑑人，也會讓人心情舒暢。外在的行為能帶來內心的愉悅，這些動作比我們想像的更能深入影響自己的心靈。

伴隨總量規制的「置換法則」

一開始由於生活在物品氾濫的環境中，我們或許會認為「只能放七、五、一成嗎？」。但是，一旦成功減少物品之後，**想法就會轉換**

為**「只要挑出七、五、一成就好了」**。在這樣的限制中做選擇，也會變得很有趣。如果在「看得見的收納」中有十項物品，就必須從中選擇五項，所以一想到「那就來選最喜歡的五項吧」，心情也會雀躍起來。

徹底重複進行七、五、一成法則之後，就能實際感受到自己斷捨離的層次自然而然提升，不過這也是當然，因為只有嚴選的物品留下來。不過，真正提升斷捨離層次的，其實是「**總量規制法則**」。在總量規制法則之中，實行者可以同時擁有五項喜歡的物品。先用「斷」來打造只有自己真正愛用物品的環境，假使又有了新歡入手，就將之前排名最後的物品丟掉。建立起這種循環會發生什麼事呢？自然就只會有高等級的物品留下來！自己本身的層次也跟著提高，而且篩選時已經不會模糊焦點了。這麼一來，就能培養「**永遠使用前五名物品的最棒的我**」了。

規制總量來嚴選愛好，
自動升級為高層次的自我。

一個動作&自立、自由、自在法則

減少物品，大、中、小地分類，總量規制的概念也灌輸進大腦裡了，接下來就要進入如何將物品放在容易拿、收的位置這個階段了。

在這個階段要注意的，就是不會感覺到強烈壓力的收納法。因為一點點的壓力都會和「麻煩」連結在一起，令人覺得把物品拿出來和收回去都很費事。

另外，外觀也很重要。舉例來說，在摺布的時候，為了讓人看見漂亮乾淨的那一面，放置的時候就把摺好的背面露出來。其實，就算沒有意識到，我想應該幾乎所有的人都會不知不覺地這麼做，畢竟這樣子看起來會比較好拿嘛。一旦有意識地如此執行這個階段的任務，讓自己的想法充滿房間的每個角落，就能打造出自在的空間了。

一個動作法則

把物品拿出來、收回去的時候，大家都會想要盡量快一點。然而，收納櫃有門，還要拿出裡面的箱子，打開蓋子，光是這三個動作，就會讓人產生「麻煩」的感覺，乾脆直接放在旁邊的平台上，換句話說，我們需要的是「一個動作就完成」的收納方式。如果**將收取物品需要的動作縮減至打開門，拿出來等最多兩個動作**的話，就舒服多了，省去無謂的動作，就不會有多餘的壓力，「麻煩」也就不成理由了。這也是一旦開始動腦去做，就會很有趣的。

我的話，基本上會把容器的蓋子拿掉。如果是分裝在小袋子裡的物品，就更不需要蓋子（請參照本文前照片）。這個咖啡的奶精，就是將袋口的部分朝外側摺一摺，維持開封的狀態放進冰箱裡。這麼一來，只要一打開冰箱，就可以馬上拿出來了。

有很多人會用橡皮筋把這種裝袋的物品綁起來，不過綁橡皮筋跟拆橡皮筋都需要費點工夫吧？還有，我也懷疑到底有沒有必要密封成這樣。真的需要封口，我也不會用橡皮筋，而會用較緊的衣夾夾起來。這樣子的話，只要一個動作就可以開關了。

自立、自由、自在法則

總而言之，不管在什麼時候，都要想到讓收納「立起來」，就是**讓物品「自立」**，就連毛巾也可以立起來。我家廚房的毛巾數量最多只有放進四方形收納盤裡的十條而已，放在這樣的容器也能做到總量規制，就算立著放進去也不會塌掉。如果是抽屜的話，沒辦法掌握到底部，從深處拿出來也花時間。能夠迅速地把想要的東西拿出來使用，是非常輕鬆的。

我在這裡說的自由，指的是選擇的自由。物品是不是在容易選擇的狀態下擺放？便利商店的寶特瓶就是同種類的東西全部並排在一起陳列，種類和數量都一目了然，餐具架的使用也參考同樣的法則，就能達到有效的收納。圓玻璃杯、四方形玻璃杯、陶杯——按照種類擺成行列吧。因為混著亂放，結果擺在深處的東西很難拿出來，到最後就有可能陷入只用某些特定東西的狀況。

那麼，立不起來的物品怎麼辦呢？就要把物品捲起來，給自己「自在」的感受，因為物品呈現出「聽話」的狀態。內褲有一種捲起來不鬆開的摺疊方式，所以我在家裡都會這麼做，再放進籃子裡。T恤也可以捲起來收納，變成筒狀之後也能夠立起來收納呢。總之重點在於，下工夫讓物品乖乖聽話不要散開來。

說到自立、自由、自在，也可以透過物品的「表相」層次進而灌輸到我們的意識中。比如看到毛巾立起來、把內褲捲起來的同時，也把自立、自由、自在的概念植入自己的內心。透過「摺」這個動作，毛巾和內褲都變成了和原本不同的形狀，而且還不會攤開、散開。這是令人心情舒適的事，能夠隨心所欲掌控物品的感覺，連結到潛意識，最後則會促使自己本身的自立、自由、自在。一邊立起毛巾、捲起內褲，一邊成為自立而帥氣的女人，這麼一想，也會挺有趣的喔。

將收取物品需要的動作縮減至打開門、拿出來等最多兩個動作，省去無謂的動作，就不會有多餘的壓力。

「每次主義」就行了

關於整理、收納，我陸陸續續寫了很多，這裡就來寫寫「斷」。物品堆積越多，進行「捨」的作業就越辛苦。可是，一旦克服了辛苦，就能夠順利地轉移到「斷」，原因就在於「既然處理得這麼辛苦，之後就得更謹慎才行」這種情緒使然。或者，連丟不掉的人都會變得更慎重。知道架構之後，看物品的方法也會改變吧，我認為這是好事。

經歷了客觀地看自己，煩惱、猶豫著丟掉物品的經驗之後，才能來到這個境界。本來，因為害怕不夠而忍不住購買、不想放手而囤積物品，就是人性。要是不特別去注意，是相當難改變的。但是斷捨離會遏止我們不知不覺、只靠本能和物品打交道。

這種意識在企業裡也看得到，像京瓷和豐田這麼大的公司，採購時也都不會一次買齊。因為有「不良庫存＝負債」的想法，每次只在需要的時候購買必要的東西。連全世界屈指可數的大製造商，也能徹底實行這一點，真的很了不起。但正是因為如此，它們才能持續穩站凌駕其他企業的地位。

幾年前，赤福發生了假貨問題。企業出面謝罪，說：「對於出了這種冷凍的假貨，我們深感抱歉。」

我當時的感想卻是：如果是「賣完了」不就好了嗎？工廠靠著有限的生產能力，每天努力地生產。但還是會有客人太多應接不暇，以及賣剩的時候。冷凍系統就是做到能夠調節這種過多或過少的情況。但用斷捨離的想法思考，就會類似「為什麼要多做那麼多？」「賣完了」就好了不是嗎？不過，企業大概很難接受把上門的生意推掉，客人也會覺得「不夠也太奇怪了！」

結果，為了避免不足而大量生產，多出來的時候就冷凍，為了回收成本，又得大量生產，導致惡性循環。其實這並不只是企業的問題，消費者也應該為這種情況負起一部分的責任。

個人和企業都應該接受不足，因為「知足」的時代已經來臨了，不是嗎？

遵循本能和物品打交道，物品只會有增無減。關鍵字是「每次」。

斷捨離專欄4——斷捨離比較級

到目前為止，我已經持續開了超過五百場的講座了。開辦都市主要是以我居住的石川縣為首的東北海陸地方為中心，以及東京、大阪和其他地方都市。我是從八年前開始的，大約四年前左右，我不再協助丈夫的工作，開始正式開辦講座，契機就是某位參加者。在這之前，我同樣是講述斷捨離的成立、架構、自己本身經歷的變化過程等等，但是那位參加者更深刻地理解，進而行動，完成了加速度的變化。結果，連我自己都對這個斷捨離的方法有了自信，講座也變得更好玩、更有趣了。而且，最近充滿熱忱的參加者增加了。我感受到參加講座的人有一半左右，都已經到達中級階段，這是相當卓越的呢。大家都各自在部落格中寫到自己實際感受到斷捨離的過程和功效，時而穿插照片，斷捨離的圈子又因此加速度地擴大。撰寫斷捨離的經驗談讓我的部落格點閱數增加，就算不參加講座，透過口碑和部落格知道斷捨離，並開始實行的人也開始出現。於是，我曾介紹過的斷捨離傳教士川畑信子女士便幽默地將迷上斷捨離的人命名為「斷捨郎」、「斷捨人」、「斷捨家」。斷捨人是參加講座而深刻學習的人們；斷捨郎則是被斷捨人感化，而逕自進行斷捨離的人們；至於斷捨家，就是我：山下英子。這個不可思議的發音促發了想像力！
看來育成了斷捨離的，似乎是參加者和這個字的魅力。

第五章

爽快感和解放感，還有好心情！

看不見的世界的加速度變化

「自動法則」：自動整理的程序

我曾用便秘來比喻沒有整理的房間，吃啊吃卻解不出來的狀態，最後則會引發感覺遲鈍。或者是因為某種理由讓身體的探測器麻痺，最後也會造成便秘，很類似不知道是「先有蛋還是先有雞」。

這種嚴重便秘沒辦法立刻靠自己的手消除，但是居住環境可以透過斷捨離，用自己的力量改變，清除堆積在房間裡，宛如便秘狀態的廢物。很多參加者都告訴我，這麼做的效用超乎他們的預期，不可思議地可以睡得好了、不再煩躁、可以慢慢處理事物等等，當然，每個人狀況不一樣！

關於自動整理的程序

以自律神經為首，身體擁有不靠自己的意識自動調節維持生命必要的呼吸、代謝、消化、循環的機能，讓身體調向身心都好的方向，這就叫做免疫恆定性（即便外界的條件變動，生物的身體狀態和機能也能維持一定的運作）。也就是說，就是自動的狀態。

這個作用和心具有緊密的連動。電視播放的悲慘新聞、過去的痛苦、令人感動的電視劇和小說，這些都會讓人感同身受地心跳加快、流淚、喘不過氣來。這種和心連動的身體變化也是這個機制造成的。平常會因為太理所當然而沒有察覺，不過這種身體深處的作用才能讓我們活著。就這一點來說，我們人類對於這個機制可以說是絕對信賴的。

斷捨離和自動

在斷捨離之中，會把肉體的這種自動系統歸為「相」。徹底實行斷捨離，打造舒適的環境之後，自己也已經完全變成自己能信賴的人了。原因就在於，在自問「自己」和物品的關係的同時篩選物品，讓自我軸心清晰，自己本身也重新站起來，讓「需要、適合、舒服」取代「不需要、不適合、不舒服」，創造只有「現在」需要的物品的狀態。這也就是身體內在的自動的狀態和外在的「相」一樣。

到了這個階段，房間亂糟糟的狀態基本上就不會再發生。維持住處和生活將會變成理所當然、自動自發。而且，也不會因為準備不足而感到擔心，因為在必要的時候一定能夠獲得必要的物品，內心深處是樂觀而有安全感的。最後，身體的探測器也能得到正常的效用。這些實際體驗都還無法用科學證明和免疫恆定性的機制有因果關係，不過參與講座的人和我自己都深刻地感受到了。

廢物堆積的狀態就好像妨礙自動機制的封蓋。我們就是要一一親手掀開。客觀審視房間的狀態之後（診斷），再自己動手整理（治療到治癒）。這麼做甚至還可以驅動每個人的自動系統。這些老王賣瓜的話先撇開不談，總之先從實踐開始！在第五章，我就要繼續介紹斷捨離上軌道之後，在「看不見的世界」和「更看不見的世界」的深處，不可思議的變化以及領悟。

斷捨離是讓自己變得值得信賴的訓練，最後也能脫離「不會整理的我」！

利用物品提升自己

抱著特價的衛生紙，覺得「搞不好不夠」的人；抱著一百萬圓的物品，覺得「這可是很難買到的哩」的人。同樣抱著物品，自我價值卻明顯地差很多。畢竟一百萬圓的物品真的很難買得到。但是，倘若連面對這種物品，都能承認現在的自己不需要而放手，更能提升自我價值。無論價錢多高、多稀有，用對自己來說有沒有必要這個基準來判斷的人，是很厲害的。能夠放開這種執著，就能擁有自信。確實，一開始需要覺悟和勇氣。如果能夠放手，就能換來「船到橋頭自然直」的明亮未來和展望。這也可以算是自我探求吧，而最初的入口，就是塞滿發票或是集點卡的錢包，或是擠滿了贈品原子筆的筆筒。

案例十一 對十幾萬圓的電視斷然進行斷捨離

斷捨離順遂進行的某個時候，香織小姐有了這樣的領悟。「我是不是從隨便的物品選擇到比較好的物品了呢？」重新觀察自我軸心和「現在」這個時間軸，就會發現房間裡全都是不要的物品。連看的電視節目都一樣。

主動想看的節目幾乎是零，茫茫然地打開電視後，再茫茫然地看著還算得上有趣的節目……察覺到自己的這種狀態時，她想到：「對喔，那就乾脆連電視都丟掉就好了！」斷然對高價的大型液晶電視進行斷捨離，成為送給朋友的禮物。一放開電視，她才注意到房間裡有個一等席……

現在，原本放電視的地方就成為她放鬆的固定位置了。

透過留下來的物品看見自己

斷捨離既是生活的維持作業，也是自我探求的工具。硬要說的話，就像是不用去深山也能做的修行。丟掉廢物、丟掉……這樣的重複會讓腦袋神清氣爽，同時也把環境的氣場整頓好。內在和環境清爽之後，「場所的淨化」才算完成。這麼一來，就能夠不可思議地看見真正的內在自我。

持續斷捨離之後，留下來的物品會有兩種。一開始就很珍惜的物品，還有回過神來才發現留了下來的物品。這個回過神來才發現留了下來的物品，常會帶給我們非常深刻的訊息。

某位參加講座的人在對衣服實踐斷捨離之間，發現只有藍色的衣服留了下來。在色彩心理學之中，藍色有陽性（男性）的意義。這個時候的她工作很忙碌，正開始活躍起來，準備開拓新的市場，因此自然而然地想要將男性的力量穿上身也說不定。

案例十二　一個紙箱映照出沒有成就的戀愛

陽子小姐是三十多歲的單身女性。她本來就很擅長整理東西，因為參加講座的關係，她的「整理精神」似乎發揮的更加淋漓盡致了。她徹底地篩選物品，整理出一間甚至可說殺風景的乾淨房子。即便如此，她最後還是留下了一個紙箱的書。要，還是不要；丟，還是不丟……陽子自問自答。過了半年多之後，紙箱還是放在櫃子的角落，被陽子遺忘。再度參加講座之後，她突然在意起那個紙箱來，把紙箱從櫃子裡拉出來。沒想到，這些書全都是戀愛小說，而且還都是沒有成就的戀情。愛讀書的她爽快地大量放棄了因為喜好而閱讀的社會科學書籍，但是這些通俗的書為什麼會被她埋藏起來呢？她驚覺，這些書都是她過去的戀愛經驗的反映，不停重複地和絕對無法成就戀情的對象交往。彷彿潛意識中抗拒結婚的自己，不知不覺地在此寄宿一般。她立即果斷地對那一箱書進行斷捨離，轉換方向，朝著不抗拒結婚的自己前進。物品其實是會映照出未知的自己。

刻意使用高過自我印象的物品

「整理東西之後，不曉得為什麼心情就變輕鬆了」，這種感覺每個人都體會過，不過，斷捨離的目標更高。使用嚴選的喜愛物品，進而引導出新的自己，也就是說，不光只有使用物品，還可以進入利用物品最大極限力量的階段。

我之前寫到「去使用因為可惜而沒用的禮品麥森瓷器」。從自貶「自己不是那種階級的人」到准許自己使用高級品，也就是加分法的過程。我把日常中使用的茶杯拿出來當例子，是有原因的，因為每天使用的物品比較容易對潛意識產生作用。現在就另外用法國水晶名牌巴卡拉 Baccarat 來當例子吧。

將自己每天使用、不容易壞，或者是壞了也不痛不癢的普通玻璃杯，換成巴卡拉的杯子試試看。開始使用的時候，我想一定會有非常強烈的異樣感。生怕會壞掉……好可惜……好重喔……等等。但是，人類是會習慣的生物。當在日常中使用的異樣感消失的時候，潛意識的自我價值也提高了。這種藉由外在的「相」去改變內在的「相」，正是把我們送向新世界的油門。

在斷捨離之中，會有一種近乎討厭的瞬間，讓我們客觀地看見自己給了自己什麼物品。

這個過程可以讓我們知道現在自己在什麼樣的狀態。了解之後，自己想變成什麼樣子呢，當意識到這點的時候，就要拿出和自己的目標形象相符合的物品。從想像到成為現實的過程，這個作業非常有趣喔！

一開始不習慣，可能會打破一到兩次，人們也常說嘛，要從好東西開始弄壞。不過，實際上並非一定會這樣。因為弄壞而貶低自己「果然我還是不要用比較好」，並且過度在意，我認為才是問題。如果都很小心地使用，偶爾才弄壞的話，那也是沒辦法的事，之後就會習慣了，所以沒關係。

從杯子等等會碰到嘴巴的物品開始，這是一個重點。在東方醫學中，有「補氣」這個概念，補足精氣，食物、飲料正是補給人類能量的東西。所以吃東西的容器十分重要，也是同樣的意思。如果是每天直接碰到嘴巴的，就更不用說了。為了成為想要的樣子，就先從日常使用的容器開始進行意識改革。

斷捨離並不是提倡節約和清貧生活

因為一直說著減少物品、減少物品，有人會誤以為斷捨離也是提倡「清貧」和「節約」。就結果來說，是會變得簡單或是節約，但並不是特別追求。

無論是食物或是時尚，我們都強調購買當季的物品，因為斷捨離的重要概念是「現在」。當季，不管是食物還是時尚，現在的能量都很強。舊的食物感覺不太會有什麼能量吧？這並不是養分的概念，而是「氣」的概念。我想時尚也能說得通。雖然沒有必要追逐流行，但是將當季的東西穿戴在身上，「豐裕的能量包圍著我」這種好心情就會發芽，每個人多少都感受過。讓當季的東西圍繞著自己，是非常幸福的狀態。我的話，一個季節三套，最多只穿兩季。情緒會隨著季節變化，能夠意識到當季是很有趣的喔。

物品是自己本身的投影。
既然這樣，物品還是又棒又新最好。

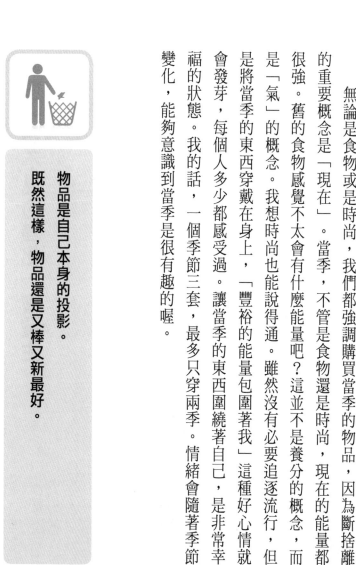

更多「看不見的變化」會發生

當我每次在開辦講座的時候，我總是會想，這些對斷捨離有興趣而來參加講座的人們，確實正在迎接變化的時刻到來，不管他們自己本身是否注意過這個變化。這些人當中，有的是剛好「想要改變」，有的人則是「想要改變」，卻又害怕有所變化，我想會拿起這本書來看的人，應該也面臨了相同的情況吧。

例如，即將從愉快的國中生活畢業，進入高中就讀時那樣，當自己在面對一個截然不同的全新世界，多少會覺得有些恐懼吧，但是卻又不得不畢業……不少人一整個春假都抱著這種不安，心裡明白已經無法回到過去，但卻也害怕前進。這種狀況若是一時的倒還好，但是有這種不安的心理狀態的人為數不少。想要改變就要靠斷捨離。

從內在力量到外在力量的加速度變化

有一些書認為「打掃」和「運氣」是有關聯的。的確是這樣，我們也有不少透過打掃來整理心靈和人際關係的經驗。但是為什麼會這樣？

首先，經歷「斷」和「捨」這種自我肯定、恢復自信的過程之中，會發生觀念的變化。最容易懂的，就是過去以為是自己的觀念，其實是來自父母親或他人的觀念，也就是說這些觀念是被強加或灌輸的。這樣的話，就要透過物品，確定自己原創的價值觀和思考事物的方式。這麼做可以讓您轉移到下一個階段。這次就換成不只有自己，連全世界都可以給你力量。必要的物品只會在必要的時候，以必要數量給您。這就像是從自力的世界升級到他力的世界一般。我在之前詳述了「表相」的世界和意識的世界，隨著整理廢物的行為，潛意識的結也會解開，最終可能還會湧出無意識的深層階段領悟。百分之四到十五的現象界（看得見的世界）和看不見的世界型態相似，現象界裡的動作，甚至會對「看不見的世界」以及「更看不見的世界」產生作用。

「礙事」這個詞：陰性直覺和陽性直覺

住處塞滿了不要的物品時，也就是潛意識堵塞的狀態，這個時候，家裡就會處處遍佈少量的壓力。

壓力的種子其實都很小。譬如想要打開櫥櫃下方的門，大量囤積的寶特瓶卻很礙事；或是試圖拿需要的書時，排在前方的書很礙事，都是一些像這種的無聊事。但是一旦累積，自己就會經常變得煩躁。

即便念頭只有瞬間閃過，如果能讓您感到礙事的物品就要在當場一一銷毀，要是能這樣就好了。

「礙事」這個詞，字面看起來很恐怖，但是其實並不那麼麻煩。我們的直覺也分為兩種，那就是陰性直覺和陽性直覺。陰性直覺一言以蔽之，就是「異樣感」。譬如心裡想著「我就是不想開門」，但最後還是會說「算了，開了就好了」。覺得「那個人有點怪」，還是會說服自己「但是他是個好人啊」。其實根本沒有必要消除自己感受到的異樣。順著陰性直覺所感覺到異樣而將之排除，或是提高警覺的話，就可以不用增加多餘的壓力了，不是嗎？

消除物品時，「啊，好礙事喔」這種異樣感，就好像附著在直覺這條管線上的鏽。畢竟直覺已經告訴我們本來「應該除去」的存在。一旦除去這個東西的時候，靈光一閃的「應該買」的陽性直覺才會造訪。

彷彿海洋深層水一般來自宇宙的聲援

「礙事」的物品堆在家中，最後會導致潛意識的堵塞。所以只要除去一個物品，就可以除去一個潛意識的堵塞。一開始或許只是開小洞的作業，但是漸漸進行之後，感覺不僅是「看不見的世界」，連「更看不見的世界」都會來幫忙。要說這個「更看不見的世界」是神之領域，或怎麼叫都行，我們本來就是接受其恩惠的存在。但是，有很多人卻把自己困在一個充滿廢物的空間，完全斷絕宇宙外來的力量。來自「看不見的世界」的恩惠，就像海洋深層水一般無限湧出來，沒有堵塞的人就可以盡情接受這些恩惠。不過與其期待，還不如享受每一天，一邊維持自己和日常生活，我覺得這才是秘訣。

所有的自我啟發書籍都不停重複地寫道，要成為活在「當下」、能夠立即行動的人。我想成功者其實就是實踐這個做法的人。斷捨離就是將活在「當下」、立即行動的生活方式融入日常整理中。因此，

看得見的世界、看不見的世界、更看不見的世界

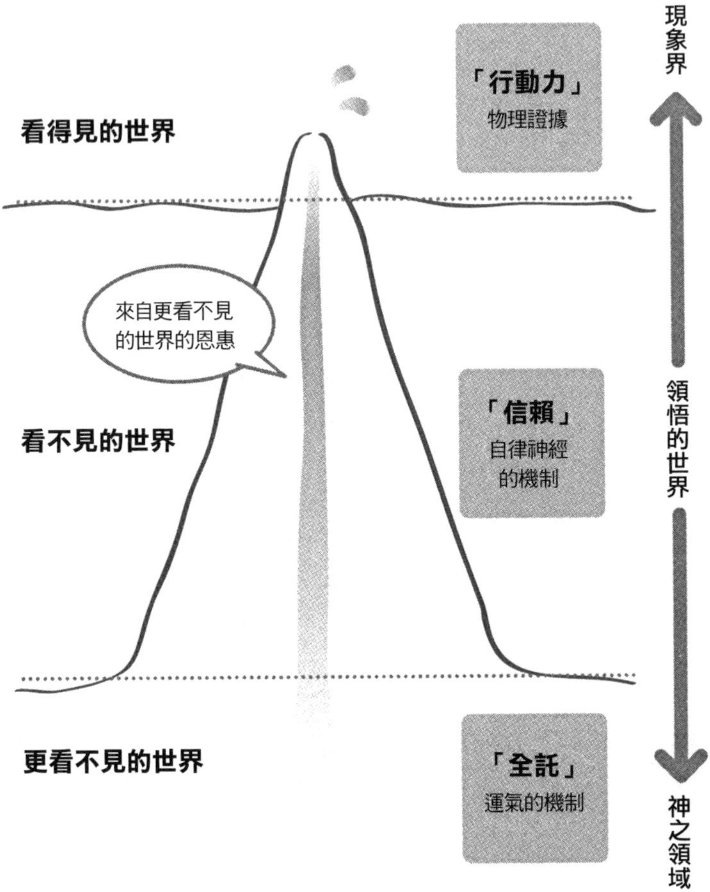

我沒打算盲目地謳歌「利用打掃開運」。成功者的特徵，就是在貫徹這種生活方式的同時，超越自己，擁有「成事在天」的心境。表象世界（看得見的世界）中的行動，是可以深入到這種地步。這是斷捨離追求的「意圖性地覺悟和擁有勇氣的樂天派」的狀態。

住在亂七八糟的房子裡面，卻期待「有沒有什麼好事會發生」，這是不可能的。從自力的世界最後進入「成事在天」的境界，這就是究極的自動。實行斷捨離到最後，就是要把目標放在這個境界。

運氣其實是可以靠自己改變的。
秘訣就是一邊享受，一邊維持日常住處。

從「擁有」這個想法獲得解放

像這樣和物品面對面一路走過來，我的想法是物品果然是「物＋念」呢。就算是同樣的物品，自己有什麼樣的執著是很重要的。即便看在別人眼裡跟垃圾沒兩樣，只不過是石頭，只要當事人有留著的理由，那就是物品。有好意念的物品，留起來當然無妨，不過負面的物品果然還是「很沉重」，大家不覺得我們並沒有必要特地背負一個沉重的行囊走過人生嗎？

我在講座上試著問過這麼一個問題——「有了或許很方便，但是沒有也不會傷腦筋的物品是什麼？」一名年近四十歲的單身女性的回答是「男人」，我心想這個人真的注意到一件很厲害的事呢。父母和家人都一直催促她「不結婚不行」，她自己也覺得要趕快結婚才行，相親也不曉得相了幾次，最後還是沒有成功。對她來說，男人就真的變成這樣的存在了。當然，也有那種無論多麼好強，還是要男性作伴的女性。但不論哪一種，最重要的是去領悟自己心靈深處的真正想法。面對物品可以進入這麼深的心理，真的是非常令人興味盎然。果然，物品是不容小覷的。

再更鑽牛角尖一點兒，斷捨離甚至希望能夠打破「擁有」這個想法本身。聽起來或許有點偏激，不過我們的生活應該沒有必要總是處在預先準備好的狀態吧？「總有一天……」、「到時候……」，何必想那麼多，只要時候來了再準備就好了，如此一來，保留這個概念就會消失。在命理學中，有「就是因為準備了才會發生」這種激進的想法，這算是某種引力法則吧。保險就是一個很好的例子。保險有點像是一點兒贏面都沒有的賭局，加入高額醫療保險之後，搞不好還會覺得「沒生病就吃虧了」。我們因為不安而花了多少錢、因為不安而買了多少東西?不是好不好的問題，而是如果理解了人類就是這種生物，「那自己想怎麼辦」就會變得很清楚，因為這是生存方式的問題。

極端來說，我認為所有的物品都是神明和地球借我們的。舉例來說，購買土地、買房子買的是「維持、管理的權利」。購買這個概念，其實是人類本身的一廂情願，和地球一點兒關係都沒有。不只是土地，所有的物品本來都只是物質，在各種化學變化和人為加工之後，才成為物品存在，並被加上了很多概念和附加價值，進而流通。說到底，擁有就是一廂情願。但是，也不能因此就放棄擁有。理解這樣的本質以後，想要珍惜物品的心情就會自然湧現，我想這才是最重要的。既然好不容易有了這個東西，與其想著「唉，也好」，不如抱持著「非這個不可」更能讓您開心地維持管理。而最終若是能夠思考所有的物品都是從地球借來的，感謝和敬畏的念頭就會油然而生了。

色即是空。有形之物都是虛幻的。而且，我們的心也會改變。盡情享受和物品難能可貴的短暫邂逅，這才是我們追求的幸福。而當緣分結束的時刻來臨，就瀟灑地放手。不僅對物品，對所有的一切都要能這樣，這就是斷捨離的願望。

後記

物品要使用才有價值
物品在此刻需要它的地方才有用處
物品要適得其所才顯美麗

我心中有一個揮之不去的畫面，那已經是好幾年前的事了。我在某個報導節目看到了一位庫爾德族少年的身影，他生活在難民營裡，身上穿的短袖襯衣，是來自日本的救難物資二手衣。巧的是，那件短袖襯衣是小學生的運動服，胸口處竟然還縫著寫了名字還有班級座號的名牌。

我大感驚訝。穿得這麼舊的運動服，居然也能成為救難物資。不久之前，我才剛處理掉一件羊毛材質的上衣，狀態和品質都比庫爾德族少年的運動服好很多倍，是非常保暖的衣服。不僅如此，我小型衣櫃裡面還躺著好幾件不僅沒穿過，甚至連它們的存在都忘記的毛衣。

更讓我驚訝的是，在酷寒中的難民營生活的少年，滿懷感謝地穿著那件破舊的運動服。看著那畫面，我心中充滿了虧欠的心情，以及無以言喻的憤怒。

自己的周遭充滿著能用卻不用的東西，但在世界某個角落，卻有人在物資不足之中，還是堅強地過著嚴苛的生活。

自己居住的日本流行著如何有效率地將物品收起來的收納術；在遠方的世界，則是根本沒有多餘的物品可以收納。

為數眾多的物品、排山倒海而來的物品，壓垮了房屋和生活，整個人生都在煩惱無法整理的狀態，以及嚴重物資不足毀滅了生活的狀態。

這個世界本來不該是這樣兩極的。既然如此，生在物資豐富的環境中，我們能做的是什麼呢？這個想法與斷捨離的基礎「和物品的相處方式」相互連結。

物品要使用才有價值——斷

意識到物品的量和質，戒「斷」用不到的物品，停止超出所需份量物品的流動。

物品在此刻需要它的地方才有用處——捨

過去使用的物品，如果現在不需要了，就不應該抱持「說不定有一天會用到」而漫無目的地收納著。要有計畫性地送到現在需要的地方，保持「捨」去物品時的流暢度。

物品要在該在的地方，才會美麗的「離」

詢問物品和自己，同時重複「斷」和「捨」，選出現在最適合我的物品。篩選、嚴選出來的物品放在各自該在的空間，彷彿自然地回歸一般「離」開。

如果能夠建立這樣的生活，人生必會變得非常輕鬆、愉快。同時，斷捨離是在生活和職場交織而成的自我探求過程。和物品相親相愛，打造出周遭都能成為自己力量的空間、正面能量可自給自足的空間。這麼一來，自己就是自己最好的靠山，藉此提高自我肯定，如果看得見的現實世界能夠平衡進而提升，心靈成長的實際感受只是一種附加價值。

整理眼睛看得見的環境，同時也調整自己的想法與生活方式。

讓自己開心，一起生活的家人、伴侶也會開心，
如果這個開心的圈子拓寬到地域、社會、世界、地球的話……

一如斷捨離的過程中最艱辛的部分，萬事起頭難，當初開始辦講座時我幾乎是孤軍奮戰，然而經過一次又一次的講座經驗，我漸漸看到與會者的笑臉擴散開來，斷捨離的夥伴也增加了。出乎意料地，我還得到了出書的機會，現在就像美夢成真一般品味著歡欣。這份欣喜和許許多多的感謝，一定得還給每一位來參加的人才行。斷捨離的方法絕對不是我一個人創造的，而是以參與者分享的無數體驗談為基礎，漸漸統合才體系化的。

其中有一個人，全力熱愛、支持我的心理治療師川畑信子女士，將出版這個好緣分傳達給我；行動力十足的按摩師市野佐織小姐，以及本書的編輯關陽子小姐，她提出的問題都是誠實而真摯，並且明晰

的。拜她所賜，我自己才能從不同的角度、更多元的方式，重新定義斷捨離。

非常感謝。

對於這樣的緣分，我獻上全心的謝意。

二〇〇九年十二月吉日　山下英子

從現在開始，
親身感受**斷捨離**的神奇力量！

國家圖書館出版品預行編目資料

斷捨離/ 山下英子 作；羊恩媺譯. -- 初版. -- 臺北市
：平安, 2011[民100]　面；公分. --
(平安叢書；第0365種　UPWARD；032)
譯自：新・片づけ術　断捨離

ISBN　978-957-803-805-9（平裝）

1.生活指導 2.家庭佈置

177.2　　　　100016083

平安叢書第0365種

UPWARD 032

斷捨離

新・片づけ術　断捨離

作　　者—山下英子
譯　　者—羊恩媺
發 行 人—平雲
出版發行—平安文化有限公司
台北市敦化北路120巷50號
電話◎02-27168888
郵撥帳號◎18420815號
皇冠出版社(香港)有限公司
香港上環文咸東街50號寶恒商業中心
23樓2301-3室
電話◎2529-1778　傳真◎2527-0904
出版統籌—盧春旭
責任編輯—盧春旭・許婷婷
版權負責—莊靜君
外文編輯—黃釋慧
美術設計—王瓊瑤
行銷企劃—李邠如
印　　務—江宥廷
校　　對—邱薇靜・鮑秀珍・盧春旭
著作完成日期—2009年
初版一刷日期—2011年 9 月
初版七刷日期—2011年12月
法律顧問—王惠光律師

讀者服務傳真專線◎02-27150507
電腦編號◎425032
ISBN◎978-957-803-805-9
Printed in Taiwan
本書定價◎新台幣250元/港幣83元